PAUL LABBÉ

LES RUSSES

EN EXTRÊME-ORIENT

LES RUSSES

EN EXTRÊME-ORIENT

1513-04. — Coulommiers. Imp. PAUL BRODARD. — 12-04.

PAYSANNE DE SIBÉRIE.

PAUL LABBÉ

LES RUSSES

EN EXTRÊME-ORIENT

OUVRAGE ILLUSTRÉ DE 28 GRAVURES ET 1 CARTE

DEUXIÈME ÉDITION

UN LAMA BOURIATE.

PARIS

LIBRAIRIE HACHETTE ET Cie

79, BOULEVARD SAINT-GERMAIN,

1905

Droits de traduction et de reproduction réservés.

LES RUSSES

EN EXTRÊME-ORIENT

CHAPITRE I

L'ŒUVRE RUSSE EN ASIE

Russes et Japonais. — Ce que les Russes ont fait et ce qu'ils voulaient faire. — La voie magistrale et civilisatrice. — Transsibérien et Transmand*hourien.

CERTAINS journaux européens ont pris bruyamment parti dans le conflit russo-japonais : le plus souvent, les signataires d'articles violents ne connaissent ni le Japon, ni la Russie, et les opinions qu'ils émettent leur sont dictées tantôt par des rancunes, tantôt par des préjugés. D'après eux, la Russie serait avant tout le pays de l'ignorance et de l'obscurantisme, tandis que le Japon mériterait au contraire d'être pris pour modèle par tous les pays civilisés.

Loin de moi l'idée de me laisser entraîner par un

parti pris lorsqu'il s'agit de juger les Japonais : ce
petit peuple, non pas jeune, mais rajeuni, est à vrai
dire un grand peuple. Qu'on le critique ou qu'on
l'admire sans faire les réserves nécessaires, on ne
peut pourtant pas ne pas reconnaître l'activité
énorme qu'il a déployée depuis trente ans. Il a voulu
tout faire et, partant, trop faire à la fois; il a trop
entrepris et manqué souvent de suite dans les idées,
mais l'effort donné a été merveilleux, la somme de
travail dépensée incomparable, les résultats obtenus
prodigieux. Au moment même où venait d'éclater
pour lui une crise économique des plus graves et où
les caisses publiques étaient vides, il a su faire avec
l'Europe, et peut-être plus brillamment qu'elle, la
campagne de Chine et organiser à Paris une très
artistique et très coûteuse exposition. Aujourd'hui
encore, le Japon continue à nous surprendre, et,
malgré que sa situation financière ne soit pas
devenue meilleure et qu'on se demande — tout en
s'en doutant — d'où vient l'argent qu'il dépense, il
étonne le monde par son audace un peu téméraire et
par ses succès incontestés.

Cela reconnu, il faut avouer aussi qu'on nous
donne comme modèle un peuple qui s'est transformé, c'est incontestable, mais qui s'est transformé
en nous imitant et en nous prenant peut-être ce que
nous avions de moins bon. Il a organisé assez mala-

droitement parfois ses administrations à la façon des nôtres, et réussi surtout, en employant la méthode et les procédés les plus modernes et les plus scientifiques, à se faire une flotte et une armée capables d'imposer le respect même à une nation européenne. Le caractère guerrier des Japonais servait à merveille leurs ambitions, et nous savons aujourd'hui que le soldat chez eux n'est pas inférieur au marin qu'ils sont tous deux aussi braves qu'endurants, et qu'ils savent admirablement se servir d'armes excellentes que le sentiment populaire tournerait volontiers un jour contre les Européens.

Les ambitions des Japonais sont immenses en effet; elles ont été encouragées par la diplomatie cauteleuse de l'Angleterre, qui depuis quelques semaines semble enfin s'en effrayer et comprendre la faute qu'elle a commise; elles ont été dirigées par les partis les plus réactionnaires et les plus conservateurs, nationalistes à outrance, ennemis haineux des barbares, c'est-à-dire des Européens. Et nous voyons pourtant en France nos journaux les plus avancés chanter les louanges d'un pays aux mœurs quasi féodales encore et dont les opinions sont au point de vue politique et social les plus complètement opposées aux leurs!

Les admirateurs du Japon sont presque toujours les détracteurs de la Russie, et ils se déclarent contre cette dernière en rééditant sans cesse des reproches bien connus : ambition, despotisme, ignorance, obscurantisme. Je ne discuterai pas cette opinion et je ne me suis jamais fait faute d'écrire sur les Russes et la Russie ce que je pensais. La Russie est une monarchie absolue, elle a de vastes ambitions, l'ignorance de son peuple est grande, tout cela est vrai, mais lorsqu'on veut juger équitablement un pays, il ne faut pas seulement le critiquer, mais il faut aussi lui rendre la justice qu'il mérite. Croit-on que le peuple russe, qui a des qualités très solides et très sympathiques, ne se développe pas, peu à peu? Et pourquoi refuser à la Russie le droit d'avoir, elle aussi, des idées généreuses, quand elle a donné plusieurs fois la preuve du contraire?

Les années passent vite, et quand on se demandera dans un avenir plus ou moins lointain, quelle a été la plus grande œuvre civilisatrice de notre temps, on répondra que ce fut le Transsibérien. Or, à qui doit-on cette œuvre? Qui l'a accomplie? La Russie. Les Japonais, certes, n'ont jamais rien fait de comparable.

Il est curieux de lire aujourd'hui les œuvres qui furent publiées il y a quarante ans environ par les voyageurs de Sibérie. Peu de livres ont plus vieilli : ils nous font sourire maintenant. Les auteurs déclaraient en effet que l'Asie russe était un pays désolé

et inexploitable, et traitaient de fous les partisans
d'une voie ferrée allant de l'Oural au Pacifique.
Nous voyons maintenant qu'il n'y a pas de pays au
monde qui se soit transformé plus vite et plus radi-
calement que la Sibérie. Hier encore, l'Asie russe
était en effet une terre inconnue; on se la représentait comme une succession de steppes immenses et
incultes, de montagnes infranchissables, de toundras
désolées, presque constamment couvertes de glaces :
des récits mélodramatiques nous parlaient de ses
ours et de ses loups, nombreux comme les petits ron-
geurs dans les champs, et transformaient en brigands
terribles les indigènes primitifs et presque inoffensifs
qui y habitaient. Aujourd'hui, grâce à la Russie,
grâce à des explorations rationnelles, à des travaux
menés avec une opiniàtreté méritante et victorieuse,
on a pu connaître en partie la vérité : des mines
riches et nombreuses ont été découvertes et des
ouvriers exploitent déjà une partie d'entre elles; les
colons ont changé l'aspect du pays, des terrains que
l'on croyait à jamais infertiles et impropres à la
colonisation ont été transformés en champs produc-
tifs; il reste encore, il est vrai, à faire plus qu'on
n'a déjà fait, mais les paysans qui ont émigré en
Sibérie n'en ont pas moins été, sans s'en douter,
des civilisateurs de premier ordre, civilisateurs
inconscients, je le veux bien, mais qui n'en ont pas

moins lutté pour la bonne cause, dans la souffrance et dans la misère, avec la résignation inhérente au caractère russe : l'homme enfin a une fois encore vaincu la nature et les déserts sibériens ont dû lui livrer leurs secrets.

Le Transsibérien a été l'artère bienfaisante qui a réveillé le pays, qui l'a tiré de sa léthargie séculaire, qui lui a apporté le mouvement et la vie. La Russie ne pouvait plus s'arrêter dans l'accomplissement de son œuvre, elle l'a poursuivie avec une incomparable logique : après les travaux d'hier, elle s'est préoccupée des projets de demain, et l'on ne sait ce qu'on doit admirer le plus, ou ce qui a été fait, ou ce qu'elle allait faire : travaux accomplis, projets annoncés, tout est formidable dans cette transformation de l'Asie septentrionale. La guerre va retarder sans doute la plupart de ces projets, mais l'histoire nous a appris qu'une œuvre civilisatrice n'est jamais arrêtée que pour un temps.

Il est bon d'énumérer ici rapidement les projets de la Russie pour les apprécier comme il sied et pour mieux reconnaître l'activité développée par elle. Après le Transcaspien et le Transsibérien, la Russie a entrepris la construction de deux autres voies nouvelles. La plus importante est le chemin de fer d'Orenbourg à Tachkent qui est à la veille d'être terminée : on pourra bientôt se rendre de Saint-Pétersbourg au Turkestan : la ligne passera par la steppe kirghize de Tourgai et non loin de la mer d'Aral; elle aura, au triple point de vue économique, commercial et stratégique, une importance incomparable; elle rendra plus de services que le Transcaspien, qui fut pourtant beaucoup plus célébré qu'elle; les deux transbordements que nécessite la mer Caspienne, et, partant de grands retards, seront évités, et les marchandises et les soldats pourront être transportés directement jusqu'aux frontières d'Afghanistan, c'est-à-dire jusqu'aux portes mêmes des Indes. L'Angleterre a vu avec légitime inquiétude la Russie construire cette voie ferrée nouvelle.

L'autre ligne en construction, sans avoir l'importance de la précédente, est pourtant, elle aussi, d'un intérêt de premier ordre; on construit, en effet, en ce moment un chemin de fer, entre Saint-Pétersbourg et les monts Ourals, qui rejoindra le Transsibérien à la ville de Kourgane et qui réduira d'environ 500 kilomètres le trajet de Pétersbourg à Vladivostok. On se servira, en partie, de voies existantes, de celles de Viatka à Perm par exemple. La ligne ira presque directement vers les monts Ourals; la traversée de ces montagnes nécessitera des ouvrages d'art nombreux; un pont monumental sera construit sur la Kama, assez au sud pour qu'y puisse aboutir dans quelques années la ligne de Moscou-Kazan prolongée jusqu'en Sibérie.

Telles sont, en résumé, avec la ligne qui va contourner le Baïkal et le tunnel des monts Khinganes en Mandchourie, les voies ferrées actuellement en construction. Lorsque la guerre a éclaté, d'autres projets étaient à l'étude qui complétaient admirablement l'œuvre russe. Les projets russes en Asie nous furent officiellement dévoilés par M. Vitte dans son rapport féal adressé à l'Empereur après son voyage en Extrême-Orient : cet écrit a une importance incontestable, c'est un document historique de premier ordre, c'est moins un rapport que le programme même de l'expansion russe en Asie et en Extrême-Orient.

M. Vitte réclamait avant tout la construction immédiate d'une voie ferrée entre Tachkent et le Transsibérien : depuis longtemps déjà on parlait de cette ligne, et un Français très intelligent, qui est fonctionnaire en Russie, M. Gourdet, avait adressé à ce sujet plusieurs rapports aux autorités compétentes. La ligne devait partir peut-être de Pétropavlovsk, ou plus probablement d'Omsk ou de Taïga : elle suivrait donc la vallée de l'Irtyche, elle traverserait les terres si riches en mines et si fertiles connues sous le nom de terres du Cabinet impérial. De Sémipalatinsk, la voie ferrée devrait côtoyer sans

doute la vieille route des caravanes, devenue depuis
quelques années déjà route postale, et munie de fils
télégraphiques. Elle traverserait le gros bourg de
Sergiopol, l'important marché de Kapal, Ili, où
aboutit la route de Djarkent et de Kouldja, Vierny,
la grande ville de la province, bâtie dans un site
merveilleux en partie par M. Gourdet, le Français
dont nous parlions tout à l'heure, Pichpek la ver-
doyante, Aouléata, ville très commerçante, pour
rejoindre à Tchimkent la ligne d'Orenbourg à Tachkent. La voie nouvelle apporterait la civilisation
dans l'immense steppe aux Kirghizes nomades, aux
Dounganes agriculteurs et aux Sartes commerçants.

Quand les récoltes de céréales sont belles en
Sibérie centrale, on est obligé de donner le blé aux
bestiaux; la ligne de Sibérie n'a qu'une voie, les
trains l'encombrent et l'on a vu plus d'une fois des
sacs de blé pourrir dans certaines stations, sur les
bords de l'Ob ou de l'Irtyche : le chemin de fer de
la steppe ouvrirait une nouvelle région à la colonisation, car partout où l'on entreprend dans ce pays, de
façon rationnelle, des travaux d'irrigation, des oasis
verdoyantes et fertiles apparaissent aussitôt : la
ligne assurerait donc aux marchés de l'Asie centrale
et surtout au Turkestan du blé sibérien à très bon
compte, ce qui permettrait aux paysans du Turkestan de restreindre peu à peu la culture des

céréales et de se consacrer à celle du coton, qui a
donné depuis quelques années dans toute la région,
à Ferghana surtout, de si merveilleux résultats.

Outre ce projet intéressant entre tous, la question
de prolonger la ligne de Sibérie sur les terres sibériennes même, c'est-à-dire de construire sur la rive
gauche du fleuve Amour une voie ferrée allant jusqu'à Khabarovsk, est toujours agitée et d'aucuns
disent même à l'étude. On sait que de Khabarovsk part
une ligne qui conduit à Vladivostok. Il n'est pourtant pas probable que la construction de la ligne de
Srétensk à Khabarovsk soit mise officiellement à
l'étude, bien qu'elle ait fait l'objet des délibérations
du conseil territorial de la province. Tous les habitants de la région, qui ont vu avec regret la Russie
ne plus s'occuper que de la Mandchourie, demandent
la réalisation de ce projet : l'ouverture du Transmandchourien leur a en effet porté un coup terrible,
la navigation, jadis si active sur le fleuve Amour,
a perdu beaucoup de son importance et les maisons
de commerce ont vu décroître rapidement le chiffre
de leurs affaires. Les ingénieurs ont laissé espérer,
il est vrai, qu'une voie secondaire serait bientôt
construite entre Blagovestchenk et le Transmandchourien : une telle promesse ne pouvait plaire
qu'à la ville de Blagovestchenk qui, seule dans ce
cas, se trouverait favorisée ; il est vrai de dire qu'elle

est jusqu'à Khabarovsk la seule ville importante de la région. Décidé ou non l'an dernier, ce projet sera retardé par la guerre, et l'avenir seul nous apprendra quand les Russes pourront l'exécuter.

Enfin il est un autre projet dont on m'a bien souvent parlé en Extrême-Orient : c'est celui du Transmongolien. Les populations mongoles elles-mêmes s'en inquiétaient lors de mon dernier séjour en Sibérie, et plus d'un moine, dans les lamaseries bouddhiques où j'habitais, m'en a parlé non sans effroi. On affirmait hier encore dans les milieux officiels que rien n'était décidé, mais à vrai dire les choses semblaient beaucoup plus avancées qu'il ne plaisait aux ingénieurs de l'avouer. C'eût été un coup de maître pour la Russie si elle avait pu créer une ligne entre Irkoutsk et Pékin en suivant la route séculaire des caravanes qui apportent à Kia-khta les céréales et le blé chinois. La ligne serait passée par la triple ville de Troitskosavsk, de Kia-khta et de Maïmatchène, les deux premières russes, la troisième chinoise, celle-ci séparée de la seconde par une large rue qui sert de frontière à la Mongolie et à la Sibérie, toutes trois enrichies par le commerce du thé. Une importante station aurait été, au centre de la Mongolie, la ville d'Ourga, où habite une des quatre grandes incarnations vivantes de Bouddha, connue sous le nom de Bogdoguéguen.

Tels étaient, à la veille de la guerre, les travaux et les projets de voies ferrées de la Russie en Asie : elle avait créé en outre en Sibérie un grand canal entre les bassins de l'Ob et de l'Iénisséi ; elle avait poursuivi d'importants travaux hydrotechniques et entrepris l'irrigation rationnelle de la steppe. Travaux énormes, projets plus grands encore, qui ne peuvent qu'imposer le respect : la Russie, en colonisant les déserts, en exploitant les mines et les forêts, en transformant les populations indigènes a surtout travaillé pour elle, mais je ne sache pas qu'on puisse reprocher à un pays de penser tout d'abord à ses intérêts, et il faut reconnaître que, malgré tout, l'effort colossal de la Russie a été bienfaisant puisqu'il a porté la vie partout où il s'est manifesté, et que, rien qu'en cela, il s'est montré civilisateur au suprême degré. On peut quelquefois sourire de la façon enfantine dont les Russes se vantent d'avoir accompli leur tâche, il n'en est pas moins vrai qu'ils ont le droit d'être fiers de leur Transsibérien.

Il n'y eut pas d'ailleurs que des étrangers pour critiquer le projet d'un chemin de fer à travers l'Asie russe ; cette grande œuvre eut ses détracteurs en Russie même, et bien des gens que l'on pourrait nommer et qui en revendiquent aujourd'hui la paternité, avaient déclaré le projet fou et irréalisable : on allait, disaient-ils, dépenser des sommes

énormes, on serait arrêté par des difficultés insur-
montables et il faudrait finalement y renoncer ; en
supposant même que l'on arriverait à réaliser un tel
projet, une voie sibérienne n'aurait ni marchandises ni voyageurs à transporter. Eh bien, malgré
tant de pronostics, malgré tant de prophètes de
mauvais augure, le projet a été réalisé, et le nombre
des trains a augmenté d'année en année, les marchandises et les voyageurs devenant de jour en jour
plus nombreux.

Le travail entrepris par les Russes a été mené avec
une incroyable rapidité : en quelques années, il a
transformé le monde. Quand on pense à la somme
de travail dépensée par les Russes, on se sent frappé
d'admiration ; quand on examine ce qu'il restait
encore à faire, on comprend pourquoi ils n'étaient
pas plus prêts pour résister aux Japonais ; ils
auraient pourtant pu et dû l'être davantage : les
grands travaux qu'ils exécutaient méritaient d'être
mieux défendus.

L'œuvre n'est évidemment pas parfaite sur tous
les points : l'activité des ouvriers et des ingénieurs
a été parfois un peu hâtive : on a dit, non sans
raison, que pour en finir plus tôt, ils ont construit
parfois trop vite ; des réparations urgentes se sont
imposées dès que la ligne a été terminée et bien des
années encore seront employées à parfaire la voie

magistrale, pour employer le nom qu'aiment à lui donner les Russes. On s'est servi de rails trop légers et, sur bien des sections de la ligne, on les a déjà remplacés. En Transbaïkalie, sur les bords de la Sélenga et en Tchikoi, dans les provinces d'Irkoutsk et de Iénisséi, où les courbes sont d'une hardiesse parfois téméraire, les déraillements sont nombreux, j'en sais quelque chose tout le premier. Entre les stations de Taïchet et de Zima, il y eut au mois de mai 1901, au dire des ingénieurs eux-mêmes, un accident tous les deux jours. A Irkoutsk, pendant mon séjour, des wagons avaient été placés sur une voie de garage, une pluie torrentielle tomba pendant la nuit, et les wagons et la voie glissèrent dans' l'Angara. Un des ingénieurs constructeurs de la ligne qui me montrait l'accident, me dit en riant :

« Voyez comme c'est construit! Photographiez donc l'accident, cela vous fera une belle projection pour la Société de géographie de Paris! Que voulez-vous, on ne fait pas de chemin de fer sans accidents et d'omelette sans casser des œufs! »

Puis il ajouta en riant :

« Seulement vous allez dire que nous faisons des omelettes avec les têtes des voyageurs! »

Il faut reconnaître en effet qu'on n'a pas pris le soin de faire, le long des voies qui surplombent les rivières, les travaux de contreforts et de soubassements nécessaires. A la fonte des neiges, après les pluies torrentielles des orages de l'été, dans ce pays à température excessive, il y a des éboulements qui causent des déraillements : la locomotive d'un train dans lequel je voyageais s'arrêta un jour brusquement contre un bloc de terre et de pierres tombé sur la voie avec quelques jeunes bouleaux. De tels accidents sont fréquents, ils ont souvent de graves conséquences; les journaux ne font d'ailleurs que les mentionner. Beaucoup d'autres accidents tiennent d'ailleurs plus aux gens qu'aux choses, les mécaniciens et les chauffeurs sont inexpérimentés, on les paie mal, et chaque fois qu'ils ont quelques kopeks en poche, l'ivrognerie les rend imprudents, et c'est alors tant pis pour les voyageurs qui sont conduits ce jour-là par eux. Les accidents sont parfois plutôt des incidents qui ne manquent pas de pittoresque. Un jour, en Transbaïkalie, mon train s'arrêta en pleine steppe : j'envoyai un Mongol qui voyageait avec moi se renseigner auprès du chef de train.

« Que t'a dit le chef de train?

— Il m'a dit: V'a-t-en au diable, chien malade! »

Avec moi le chef de train fut respectueux, il daigna me renseigner : à la station précédente, où l'on s'était arrêté près d'une heure, le mécanicien avait oublié de prendre de l'eau pour sa machine!

« Il est ivre, dit pour l'excuser le chef de train, — moins que le chauffeur pourtant! »

On décida d'envoyer seule la locomotive à la station suivante où elle trouverait de l'eau. La locomotive nous abandonna, mais nous la vîmes bientôt s'arrêter dans la steppe à deux kilomètres de nous, et nous restâmes en panne toute la journée. J'allai une heure plus tard, jusqu'à la locomotive : de chaque côté, couchés sur l'herbe de la steppe, le chauffeur et le mécanicien dormaient, du sommeil des justes, sans doute.

De tels accidents devenaient, de mois en mois, plus rares et, au moment où commençait la guerre, la grande voie magistrale était terminée, sauf sur deux points : en Sibérie, au lac Baïkal qu'on passe encore en bateau pendant l'été et, pendant l'hiver, en traîneau et dont nous nous occuperons plus loin lorsque nous parlerons du ravitaillement des troupes; en Mandchourie, aux monts Khinganes qu'on traverse sans transbordement, mais sur une voie provisoire.

Jusqu'à 1896 on avait affirmé que le Transsibérien serait continué le long de l'Amour jusqu'à Khabarovsk où aboutit la ligne de Vladivostok. La rive gauche de l'Amour offrait pour la construction d'une voie ferrée les plus grandes difficultés, les ouvrages d'art y auraient été nombreux dans un

s où l'on n'a pas su encore construire de voie
rossable et où le fleuve Amour est encore
ourd'hui la seule route de communication prati-
le. L'Amour est en été parcouru par de nom-

UN ÉBOULEMENT ET UN ACCIDENT DE CHEMIN DE FER
EN TRANSBAIKALIE

reux bateaux, mais les eaux sont souvent très
asses et les bateaux échouent et s'abîment sur
s rochers de la Chilka ou s'enlisent dans les sables
u fleuve Amour; en hiver, les communications sont
en plus difficiles encore, car le fleuve gèle assez
ntement, la glace est d'inégale épaisseur et la neige
re malgré le froid intense. Une ligne qui va de
ladivostok à Khabarovsk s'étend parallèle à
Océan, dont elle est séparée par la chaîne des

2.

monts Sikheté Aline dont le point culminant, le
mont Verbloud, a 1 100 m. Ces montagnes sont couvertes de forêts dans lesquelles peu d'hommes ont
pénétré et que seuls ont exploré les indigènes.
L'espace compris entre la mer et la montagne est
très étroit : il y a un grand nombre de petites vallées
où coulent des rivières de caractère torrentiel et
souvent assez larges. Elles tombent dans de petites
baies très profondes et très pittoresques encaissées
entre les rochers abrupts et des montagnes escarpées; telles sont les baies de Sainte-Olga si char-
mante d'aspect, celle de Port-Impérial, qui n'a d'impérial que le nom, de Castries, etc. Toutes offrent
aux navires des refuges pendant les périodes terribles des tempêtes ou des brouillards plus dangereux encore. Ces brouillards sont si fréquents et
si épais que les accidents sont très nombreux : il y a
peu de navires qui passent dans la Manche de
Tartarie et pourtant j'y ai vu un certain nombre de
bateaux couchés, désemparés, brisés sur les rochers
monstrueux des côtes. Vladivostok même est pris
par les glaces et on ne peut entrer dans son admirable rade que grâce à un très puissant brise-glaces.
L'occupation du sud de la Mandchourie, les forti-
fications de Port-Arthur, la création de Dalny s'im-
posèrent donc par la force même des choses, et
lorsque le Transmandchourien fut décidé, le gouver-

nement russe restait logique avec lui-même. Il com-
plétait simplement, en les élargissant, les plans qu'il
avait suivis en Sibérie. Il se disait que l'océan
Pacifique pouvait devenir un jour le centre du

LA BAIE DE SAINTE-OLGA

monde, surtout lorsque les Américains auraient terminé l'œuvre française du Panama, que la Russie ne
serait une très grande puissance que si elle était la
première en Extrême-Orient, et que par conséquent
il lui fallait avoir sur les mers de Chine une place
de guerre formidable et un grand port de commerce :
Port-Arthur et Dalny devaient être fondés : c'était la
conséquence logique d'un tel raisonnement.

Le 27 août 1896, une convention fut conclue entre

le gouvernement chinois et la banque russo-chinoise,
qui permit l'organisation d'une compagnie de l'Est-
Chinois pour la construction et l'exploitation d'un
chemin de fer ; on y stipulait que les travaux devaient
être commencés en août 1897 au plus tard ; l'écarte-
tement des voies serait égal à celui qu'avait adopté
la Russie pour le Transsibérien. La ligne devait
aller à travers la Mandchourie, de la frontière de
Transbaïkalie à celle de la province maritime et
réunir Saint-Pétersbourg et Vladivostok. Bien des
Russes ont prétendu qu'on aurait dû s'en tenir là,
mais l'idée d'aboutir à une mer libre de glaces tour-
mentait tous les esprits.

Le 15 mars 1898, après la cession de Port-Arthur,
la Chine accorda à la Russie le droit de construire et
d'exploiter un embranchement de Kharbine à Port-
Arthur. Trente-six ans après la mise en exploitation,
la Chine pourrait, d'après les conventions, racheter
la ligne et rembourser les sommes dépensées, les
frais corollaires et les intérêts accumulés. Au bout
de quatre-vingts ans, la Chine prendrait de plein
droit possession de la ligne du Transmandchourien,
appelé officiellement chemin de fer de l'Est-Chinois.

Le matériel nécessaire à la construction des deux
lignes fut en partie amené par mer à Port-Arthur,
le reste en partie transporté au centre même de
la Mandchourie par des bateaux qui montèrent le

Soungari, affluent de l'Amour. C'est dans ce but que fonctionnèrent tout d'abord les bateaux de la Compagnie dite « du chemin de fer de Mandchourie ». Cette compagnie a aujourd'hui de bons navires dont une grande partie ont été pris par les Japonais. Ils faisaient avant la guerre le service entre la Sibérie, la Corée, le Japon et la Chine, comme le firent jadis ceux de la maison Cheveliov de Vladivostok. Des services réguliers existent entre Vladivostok, Gensane, Fousane et Tchémoulpo en Corée, Nagasaki au Japon, Takou, Tchéfou et Changhaï en Chine; d'autres bateaux de la même compagnie vont /à Sakhaline et à l'embouchure du fleuve Amour, et jusque dans les ports de la mer d'Okhotsk et en Kamtchatka. La compagnie songeait l'an dernier à créer une ligne maritime nouvelle entre Vladivostok et les États-Unis : les Japonais voyaient ce projet avec le plus grand déplaisir.

La construction du chemin de fer de l'Est-Chinois fut très bien organisée par M. l'ingénieur Krebedz : on posa les rails le plus rapidement possible, en épargnant les travaux longs et dispendieux, en contournant les obstacles par les pentes les plus raides que puisse gravir une locomotive, et l'on se servit de ces voies provisoires pour le transport des ouvriers et du matériel.

Parmi les ouvrages d'art longs et difficiles à exécuter, il faut citer les ponts si hardis jetés par les ingénieurs sur les rivières de Mandchourie; les plus grands ne le cèdent en rien à ceux de Sibérie qui sont, on le sait, merveilleux. On a construit 9 ponts entre la frontière et Kharbine, dont un de plus de 900 mètres, 11 sur la ligne de Kharbine à Vladivostok, 30 sur celle de Kharbine à Port-Arthur, dont un de plus de 900 mètres et deux de plus de 400.

La plus grande œuvre exécutée en Mandchourie sera le percement d'un tunnel de 3 kilomètres dans les monts Khinganes, que l'on ne pouvait tourner. C'est seulement en 1901, après les troubles des Boxers, que ce travail a été commencé; il est probable qu'il ne sera pas de sitôt terminé. Les monts Khinganes forment une barrière naturelle s'étendant dans le sens du méridien sur une distance de plus de 1 000 kilomètres, et ayant une largeur supérieure en certains endroits à 300 kilomètres. La ligne actuellement les traverse par une voie provisoire construite en zigzags. Le train qui vient de Sibérie a une locomotive à chaque bout, il descend là lentement la première ligne des zigzags, il va jusqu'au bout et s'arrête. La locomotive de queue alors l'entraîne sur la deuxième ligne : l'autre locomotive se met en marche à son tour et ainsi de suite jusque dans la vallée de la Nonni. La ligne de Mandchourie, depuis la frontière de Transbaïkalie

jusqu'à Kharbine, a 960 kilomètres, 360 de Kharbine
à la province maritime, 1 000 de Kharbine à Port-
Arthur. Elle est munie de rails pesant 24 **livres**
russes[1] le pied courant : on n'a pas voulu renou-
veler la faute commise en Sibérie où l'on a dû
recommencer un travail achevé et remplacer des
rails trop légers qui avaient causé de nombreux
déraillements. L'approvisionnement d'eau est partout assuré, bien que les travaux pour la pose des
conduites soient loin d'être terminés et que, paraît-il,
on ait employé à cet effet des tuyaux trop étroits et
qui seront insuffisants à l'époque du dégel et après
les grandes pluies de la mauvaise saison.

Quoi qu'il en soit, au moment où la guerre commençait, le grand chemin de fer d'Asie était donc
terminé, sauf en deux points, au Baïkal et aux monts
Khinganes et au bord du lac seulement un transbordement était nécessaire; on pouvait aller directement déjà de Paris à Vladivostok ou à Port-
Arthur.

Le trajet de Londres à Changhaï par l'Amérique
exige 30 ou 31 jours de voyage, il n'en faut que 18
et demi par la Sibérie; on met pour aller de Changhaï
à Hambourg 27 jours en passant par le canal de
Suez et 17 et demi seulement si on prend le Trans-

1. Une livre = 400 gr.

sibérien. Ajoutons à cela que les wagons russes sont
confortables, que les buffets sur toute la ligne sont
en général très bons et que le prix du voyage est
très peu élevé.

Les statistiques officielles et les journaux russes
se plaisent à publier et à republier ces chiffres ; les
Russes aiment à constater les résultats de leur difficile entreprise et leur orgueil est parfaitement légitime. Il est un seul point sur lequel on ne peut être
d'accord avec eux : la grande voie russe ne fera jamais
un grand transport de marchandises étrangères :
son importance est plus locale qu'internationale. Il
est évident que les commerçants étant très souvent
forcés de voyager le plus rapidement possible, pré-
féreront le Transsibérien aux voies maritimes, mais
les marchandises, au contraire, suivront bien rarement les voies ferrées : les transports par bateau
seront toujours les moins chers, et, je pourrais
ajouter, les plus commodes et les plus rapides. Un
train de marchandises, pour parcourir les mille
kilomètres qui séparent Vladivostok de Pétersbourg,
mettra beaucoup plus de temps que le bateau de
Vladivostok à Odessa. N'oublions pas que le grand
chemin de fer de l'Asie n'a qu'une voie. Les commerçants confieront donc comme par le passé les
marchandises aux bateaux, ils y trouveront économie de temps, ce qui n'est pas négligeable, et

surtout économie d'argent, ce qui est plus important encore.

Les lignes du Transsibérien et du Transmandchourien, en y comprenant les frais de construction de la voie ferrée qui contournera le Baïkal, ont coûté un milliard de roubles, c'est-à-dire deux milliards sept cents millions de francs.

En résumé, l'œuvre russe en Asie a été la suivante : un pays plus grand que l'Europe, presque inconnu, presque inexploré, a été transformé. De grandes villes s'y sont fondées, les champs y ont été cultivés et les mines exploitées; des industries de toutes sortes y ont apparu, un immense marché a été ouvert au commerce du monde entier.

N'est-ce pas exagérer, et beaucoup, que de dire après cela que dans le conflit russo-japonais, c'est le Japon qui seul représente la civilisation?

CHAPITRE II

LA COLONISATION DE LA SIBÉRIE ORIENTALE

Les Cosaques de l'Amour. — Leurs qualités et leurs défauts. — L'émigration des paysans. — Leur vie. — Rôle des savants et des voyageurs.

LES bras manquèrent longtemps pour exploiter la Sibérie orientale et, longtemps aussi, aucune voie de communication pratique n'exista en Sibérie. Sans doute, le pays était arrosé de fleuves de dimensions colossales, mais l'Ob et l'Irtyche, l'Iénisséi et l'Angara, la Léna et l'Aldane, l'Amour et la Zéa sont pris l'hiver par les glaces, et l'été manquent d'eau dans la partie moyenne de leur cours, au moment des épouvantables et torrides chaleurs du mois de juillet sibérien : seul, le fleuve Amour conduit à une mer libre, encore un accident de terrain le fait-il brusquement tourner vers le N.-E.; il se jette en face de la pointe extrême de l'île inhospitalière de Sakhaline,

au nord de ce détroit de Tartarie où tant de vaisseaux se sont perdus corps et biens ; là, la mer est
prise par les glaces pendant plusieurs mois, et les
indigènes la traversent alors en traîneaux attelés
de chiens.

L'œuvre civilisatrice et colonisatrice des Russes
s'est manifestée de plusieurs façons, et les résultats
obtenus sont dus à quatre facteurs principaux :

1° Aux Cosaques qui furent les conquérants ;

2° Aux paysans qui fondèrent des villages et com-
mencèrent la colonisation du pays ;

3° A la création des chemins de fer, des canaux
et aux travaux d'irrigation ;

4° Aux explorateurs, aux savants et aux sociétés
de géographie.

Nous avons tenu, dans le premier chapitre de ce
livre, à isoler le troisième facteur et à consacrer une
étude spéciale à l'œuvre gigantesque du Transsibérien.
Voyons maintenant ce qu'ont fait les Cosaques et
les paysans. Dans l'histoire de la transformation de
la Sibérie, tour à tour ils ont joué leur rôle : ceux-là
furent les conquérants, ceux-ci les colonisateurs ;
l'œuvre des premiers a été plus hardie et plus brillante, l'œuvre des seconds plus utile et plus civilisatrice.

Les Cosaques se vantent eux-mêmes d'avoir été
en Sibérie les pionniers de la civilisation. On sait

que les Cosaques ne forment pas une race à part;
à la fin du xvi° siècle, des aventuriers de toute race
se rassemblèrent dans le bassin de la basse Volga,
ils se donnaient le nom d'hommes libres; à Moscou
on les appelait tout simplement les brigands. On les
envoya longtemps aux postes dangereux, — on se
défiait un peu et non sans raison de leur humeur
belliqueuse. Ils prirent part en effet à quelques
révoltes. Aujourd'hui les Cosaques se divisent en
plusieurs groupes : nous voyons les Cosaques de
l'Oural, du Don, de Koubane, d'Orenbourg, de
Sibérie occidentale, de Transbaïkalie et de l'Amour.

Les Russes sont toujours très fiers de leurs soldats cosaques; le respect qu'on a pour eux ne va
pas sans une certaine crainte, car on sait que le
Cosaque a le poing solide et qu'esclave des ordres
reçus, il ne les exécute jamais à demi. Tant pis s'il
les a mal compris.

L'ataman Iermak, qui pénétra en Sibérie en 1580
et qui, après avoir franchi l'Oural, suivit les vallées
des affluents de l'Irtyche, était avant tout un audacieux aventurier, très brave et dégagé de bon
nombre de scrupules. Il fit invasion sur les terres
des principaux khans tatares. Aidé de ses valeureux
compagnons, il vainquit tour à tour les ennemis
qu'il rencontrait et qui s'opposaient à son passage,
et il offrit ensuite au tsar Jean IV la domination du

vaste pays conquis. Un grand nombre de sultans effrayés par les victoires successives remportées par les Cosaques se soumirent spontanément : quelques-uns d'entre eux, comme le prince Taïone, qui résidait à Tomsk, alors simple bourgade, comprenant que toute résistance était inutile, allèrent à Moscou pour rendre hommage à l'empereur de Russie.

Mis en goût par leurs victoires, les Cosaques continuèrent vers l'Est leur marche belliqueuse, mais leur audace n'excluait pas toute prudence et ils prirent partout leurs précautions pour que le chemin de retour demeurât toujours libre derrière eux. C'est dans ce but qu'ils construisirent des citadelles qui reliaient en quelque sorte les conquêtes nouvelles aux anciennes et qui servaient de remparts et de points d'approvisionnement ; on donnait à ces citadelles le nom d'ostroghi. Plusieurs d'entre elles sont restées célèbres dans l'histoire de la conquête et de la défense de la Sibérie.

C'est au XVIII⁰ siècle que tour à tour furent conquis les bassins de l'Iénisséï et de la Léna, ainsi que les régions polaires de Kamtchatka.

Les Mandchous des bords de l'Amour donnèrent beaucoup de mal aux Cosaques et leur opposèrent une résistance acharnée. Pour en finir avec cette brève histoire de la conquête de la Sibérie, rappelons l'expédition de Nevelski à l'embouchure du

fleuve, l'œuvre du général Mouraviev, de Poutia-
tine et du comte Ignatiev, dont le résultat fut la
cession par la Chine à la Russie de tout le pays de la
rive droite de l'Oussouri, affluent de l'Amour, entre

UN CAVALIER COSAQUE

cette rivière, la Corée et la mer. Notons enfin
l'acquisition par voie d'échange avec le Japon, qui
y perdit beaucoup, de l'île Sakhaline dont l'étendue
est supérieure au sixième de la France et qui sert
aujourd'hui de colonie pénitentiaire à la Russie et
où vivent plus de 30 000 forçats et enfants de forçats qu'on s'efforce de transformer en colons.

Les Cosaques étaient répartis en garnisons : ils
recevaient des céréales et de l'argent et organisaient

parfois des exploitations agricoles. Aujourd'hui encore ils sont chargés de la défense de la Sibérie : ce sont les gardiens des postes d'avant-garde les plus périlleux, ils sont soldats toute leur vie et doivent toujours être prêts à sauter sur leur cheval et à partir en guerre, ils se battent d'ailleurs avec un grand entrain. Dès le plus jeune âge, les enfants sont assouplis par des exercices les plus violents : à trois ans, on les attache sur des chevaux et, à cinq, ils savent monter; ils n'admirent rien tant que la force, ils aiment à montrer combien ils sont robustes, méprisent le paysan qui laboure et préfèrent toujours la gymnastique à l'école.

Dans toute la Sibérie, surtout au bord des fleuves et le long des frontières, les Cosaques habitent sur des terrains qui leur ont été donnés par l'empereur, et où ils ont construit leurs villages ou « stanitsi ». Les stanitsi sont nombreuses aux frontières de Mandchourie et de Mongolie, le long du fleuve Amour et dans la steppe kirghize. Une ligne de défense, occupée par les Cosaques, part des monts Ourals et du gouvernement d'Orenbourg; elle est large de 25 à 30 verstes et longue de 572. Cette ligne se continue le long de l'Irtyche, une autre semblable existe sur la rive gauche du fleuve Amour. Les terres occupées par les Cosaques ne sont une propriété commune et indivisible que chez les

Cosaques de l'Oural, chez lesquels on peut étudier un très curieux essai de communisme.

Au point de vue de la colonisation, les Cosaques sont inférieurs aux paysans, ce sont en général des voisins désagréables, toujours prêts à traiter la région qu'ils habitent en pays conquis et leurs voisins en peuples vaincus. Il faut les voir passer au milieu des sauvages et des indigènes fiers et méprisants, exigeants surtout, car ils tiennent à être bien traités ; ils aiment l'eau-de-vie et les bons repas et s'invitent sans façon chez leurs plus riches voisins. J'ai presque toujours eu avec moi un soldat cosaque dans mes excursions, il me servait d'interprète auprès des indigènes, il savait le plus souvent très mal obéir, mais commandait admirablement.

« Il est terrible, ton maître, me dit un jour un indigène mongol, j'ai tué un mouton pour lui plaire et voici qu'il me dit d'en tuer un autre ; il n'aime que les moutons dont la laine est noire, celui que je lui offrais était blanc ! »

Le Cosaque avait voulu prouver au malheureux qu'il était le maître et le conquérant, et l'indigène, me voyant sans uniforme, en avait conclu que je devais être le domestique de mon serviteur.

J'ai habité chez les Cosaques de l'Oural et j'ai gardé d'eux un excellent souvenir : je n'en pourrais dire autant de ceux de Sibérie et j'ai souvent eu des

difficultés avec ceux qui me servaient de guides.
L'un, se trouvant en joyeuse compagnie, dans un
campement où nous étions arrêtés, abîmait les roues
de mon tarantas pour qu'il me soit impossible de
partir; l'autre n'était jamais là quand j'en avais
besoin, et tous se grisaient abominablement en
achetant de l'eau-de-vie partout où nous passions,
en s'en faisant offrir par les paysans ou les indigènes, en vidant mes bouteilles lorsqu'ils n'avaient
plus d'argent ou que nous nous trouvions loin de
tout village ou de tout campement. Je devais cacher
jusqu'à mon eau dentifrice : l'un d'eux but un jour
un flacon d'essence de térébenthine que j'avais dans
ma pharmacie. Pris par moi sur le fait, il me déclara
que c'était excellent.

« Tu es gris du matin au soir ! lui disais-je. »

Et, sans doute en manière d'excuse, il me répondait :

« Ajoutez aussi : et du soir au matin, et le tableau
sera complet. »

Je ne connais guère que les popes et même quelques femmes de popes qui puissent aussi crânement
supporter la boisson : chez le pope, le Cosaque
trouve même parfois son maître.

Buvant ainsi, les Cosaques de Sibérie ont pris de
très mauvaises habitudes : ils sont restés soldats
remarquables et cavaliers excellents, mais ils sont

devenus paresseux. L'oisiveté est, dit-on, la mère
de tous les vices : les Cosaques sont devenus men-
teurs : ils mentent sans raison pour le plaisir de
mentir, c'est presque un art chez eux; quand je
demandais un renseignement à un Cosaque, presque
toujours, quand il savait, il gardait le silence, mais
s'il ne savait pas, il me racontait tous les men-
songes qui lui passaient par la tête.

L'un d'eux me disait en riant que la vraie colonisation est celle qui se fait à coups de poings : on se
repose en forçant les indigènes à travailler. Les
Cosaques ont pourtant quelques occupations. Ils
s'occupent, assez volontiers et non sans succès, de
jardinage, de chasse et surtout de pêche. Les pêches
dans le fleuve Amour, si elles ne sont pas aussi pro-
ductives que celles de l'Oural, leur donnent pourtant chaque année un très gros bénéfice. Malheureusement comme toutes choses encore en Sibérie
elles sont faites de façon irrationnelle; les Cosaques prennent, rien que dans la rivière Oussouri,
plus de cent mille francs de poissons par an. Ils
s'emparent peu à peu des meilleures places au détriment des populations sauvages qui les occupaient
et dont la pêche était l'unique ressource.

Les Cosaques n'aiment pas le commerce, bien que
quelques-uns d'entre eux y aient fait rapidement
fortune : ils méprisent le métier de marchand; il est

vrai de dire que ceux qui exercent ce métier le rendent en effet tout à fait méprisable. Des marchands
se sont établis près des indigènes et les ont trompés
aussi souvent qu'ils ont pu. Les indigènes qui ne
savent pas encore très bien la valeur de l'argent,
leur apportaient jadis des fourrures de prix en
échange de boules de cuivre, de sabres et d'objets
de métal; à force d'avoir été volés, quelques sauvages plus intelligents que les autres sont devenus
voleurs; ils ont pensé qu'il serait plus agréable à
leurs frères d'être volés par un des leurs et ils ont
pratiqué l'usure à leur tour. Plusieurs usuriers cosaques ont maudi devant moi l'époque actuelle et
regretté le temps où les indigènes se montraient
plus bêtes et partant plus confiants.

On a tort de dire qu'on n'envoie plus de Cosaques
en Sibérie; il n'y a pas que les paysans qui émi-
grent et parfois le gouvernement provoque l'émigration de nouveaux Cosaques : on avait décidé à
la fin de 1903 que les colons destinés à la région
de l'Oussouri seraient choisis parmi les Cosaques
d'Orenbourg : l'expérience, disait-on, avait montré
que nul ne réussissaient mieux qu'eux dans ces
régions lointaines : 3000 roubles de subsides étaient
promis à chaque famille émigrante. A la vérité, le
climat de l'Oussouri est plus clément que celui
de tant d'autres régions sibériennes, et le paysan

supporte le froid aussi courageusement que le Cosaque, quoique dans des conditions plus dures, puisqu'il est plus pauvre : il est surtout meilleur colon, plus travailleur et plus honnête que celui qu'on semblait lui préférer. Les raisons données

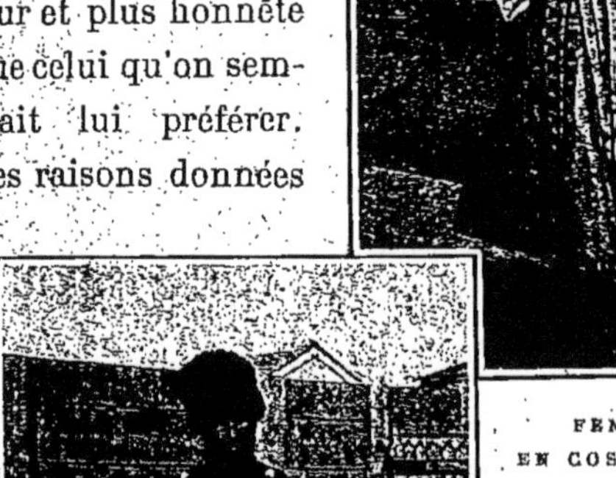

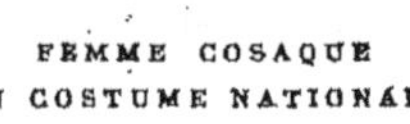

FEMME COSAQUE
EN COSTUME NATIONAL

n'étaient que des prétextes : c'étaient des soldats, et d'excellents soldats, qu'on voulait envoyer près des frontières.

L'armée cosaque est sur pied aujourd'hui : elle fera des

TYPE DE COSAQUE

merveilles d'audace et de bravoure ; son passé de gloire

en répond; les Cosaques de l'Amour ont d'ailleurs
une revanche à prendre après les tristes histoires
de 1900. Un grand nombre de Chinois vivaient alors,
commerçants pacifiques, à Blagovestchensk, sur les
bords de l'Amour. Au moment de la révolte des
Boxers, les Chinois de la rive opposée, un jour que
les soldats russes se baignaient, crurent à un débar-
quement et tirèrent sur eux. Leurs mauvais fusils
étaient d'ailleurs plus dangereux pour eux-mêmes
que pour l'ennemi qu'ils visaient. Le gouverneur fit
alors sans raison emprisonner tous les Chinois de
la ville; les malheureux, le lendemain, furent conduits au bord du fleuve qu'on leur ordonna de traverser à la nage : l'Amour, à cet endroit, avait un
kilomètre de large. Plus de quatre mille hommes
furent noyés. Les Chinois de la rive opposée tiraient
sur leurs frères, qu'ils prenaient pour des Russes.
Des Cosaques m'ont dit en riant que pour décider
les mères qui suppliaient et qui demandaient grâce
on leur arrachait et jetait à l'eau leurs enfants : les
pauvres femmes alors se précipitaient dans le fleuve,
désespérées. Le mot d'ordre donné aux chefs de
stanitsi était le suivant : « Les Chinois dans la
rivière! » L'un d'eux, qui me l'a raconté lui-même,
crut à une erreur dans le texte de la dépêche et
télégraphia au gouverneur, qui lui répondit simplement :

« Vous devez comprendre ! »

Ce massacre affreux fut un monstrueux assassinat dont la Russie tout entière s'indigna. La faute d'un homme ne peut pas être imputée à tout un peuple, je n'aurais pas parlé de cette triste histoire si elle ne venait d'être rééditée par des journaux ennemis de la Russie, qui ont le tort d'en tirer des conclusions sévères. L'âme russe est très humaine et le cœur du moujik très bon. Le massacre de Blagovestchensk fut odieux, mais dans l'histoire de chaque peuple n'y a-t-il pas toujours, hélas! des faits dont on a à rougir ? La cruauté n'est pas l'apanage des Russes et ne sait-on pas, par exemple, que, depuis plusieurs années, le Japon pratique à Formose, sans se lasser, la politique de Tarquin : il y supprime tour à tour les têtes qui dépassent les autres : en Europe, on l'ignore, ou l'on n'en veut pas parler.

** **

Les paysans russes, qui vinrent en Asie longtemps après les Cosaques, ont eu la tâche difficile de coloniser la Sibérie, ils sont des ouvriers utiles qui inconsciemment ont apporté la civilisation.

On a constaté depuis longtemps le formidable mouvement d'émigration qui pousse en Sibérie, depuis que ce pays leur est ouvert, les paysans de

Russie. Les paysans qui vivent à l'étroit dans les
villages de Russie sont séduits par l'étendue des
terres mises à leur disposition en Asie : il leur
semble que la vie y sera facile, des amis, des parents,
qui ont émigré avant eux, les engagent à les suivre ;
le Russe se déplace facilement et a des goûts un
peu nomades : il est vite décidé à partir. Le chemin
de fer rend d'ailleurs aujourd'hui l'émigration plus
facile : le prix du voyage est devenu presque insi-
gnifiant pour les 2 900 kilomètres qui séparent Omsk
de Moscou ; les adultes paient quatre roubles par
personne, les enfants au-dessous de deux ans sont
transportés gratis ; un poud de bagage (16 kilogr.)
coûte un kopek (2 cent. 70) pour soixante-quinze
verstes (80 kilom.). Le transport des animaux est
plus cher et les paysans vendent leurs bêtes avant
de partir : d'ailleurs l'argent, rapporté par la vente
d'un cheval en Europe, suffit à un paysan pour en
acheter trois ou quatre en Sibérie.

La Sibérie est partagée en sections au point de vue
de l'émigration, et les chefs de sections résident dans
les villes où sont établis des points d'émigration,
grands emplacements avec des infirmeries, des bains,
des maisons de refuge où les malades peuvent s'arrêter. Le premier de ces points est à Tchéliabinsk,
sur le versant oriental des monts Ourals : c'est là
que se fait le contrôle de l'émigration.

Lorsque ces paysans veulent émigrer, ils doivent en demander la permission : ils sont alors autorisés à envoyer un khodok, délégué chargé d'aller reconnaître et choisir des terres en Sibérie. Celui-ci se

ÉMIGRANTS ARRÊTÉS DANS UN « POINT D'ÉMIGRATION »

rend à Tchéliabinsk, et dit au chef d'émigration la province ou le district que ses mandataires voudraient habiter ; le chef d'émigration lui indique les terres vacantes encore, et le khodok va les visiter. Lorsque les terres sont choisies d'accord avec les autorités compétentes, elles restent deux ans à la disposition des paysans ; passé ce temps, l'administration peut, si les paysans ne sont pas encore venus, en disposer et les donner à d'autres. On accorde à

chaque individu mâle 15 dessiatines de terrain[1] :
cette disposition est nouvelle au pays de l'Amour,
où l'on donnait jadis 100 dessiatines par famille,
quel que soit le nombre de ses membres.

Lorsque les émigrants ont quitté leurs villages,
ils s'arrêtent tout d'abord à Tchéliabinsk, où a lieu
le contrôle. Dans chaque train il y a un wagon-
infirmerie avec une infirmière. Chaque point d'émigration forme un petit village, composé d'une vaste
cour et de baraques, maisons d'hiver et d'été, hôpi-
taux, bains : le service médical est assuré par un
médecin, un pharmacien et des infirmiers. Il y a un
réfectoire où les enfants jusqu'à dix ans sont nourris
gratuitement, et où l'on vend à très bon compte
des portions de soupe ou de viande. Bien des enfants
malades, bien des vieillards épuisés par les fatigues
restent aux points d'émigration et souvent y meurent pendant que leurs familles poursuivent tristement leur voyage.

Arrivés à leur but, les paysans ont tout à faire : il
leur faut construire une maison, créer un troupeau,
défricher leurs terres. Si les premières années sont
bonnes, les colons sont sauvés, mais le climat est
toujours très dur sur les bords de l'Amour, les émigrants arrivent trop vite au bout de leurs res-

---

1. Un peu plus de 15 hectares.

sources et ils demandent alors à retourner dans leurs villages de Russie où les autres paysans qui vivent à l'étroit ne veulent plus les recevoir; quelquefois même, malgré une réussite complète, les émigrants ne peuvent s'accoutumer à vivre loin du pays natal. La femme végète et languit, en proie à la nostalgie, et lorsque le mari voit sa « travailleuse », comme il l'appelle, souffrir et pleurer chaque soir lorsqu'il rentre, il perd à son tour le courage nécessaire pour réussir dans sa tâche difficile.

Il se passe dans cette région le phénomène inverse de celui qu'on constate en Sibérie Occidentale : là, les étés chauds et sans eau ruinent souvent les moissons; dans le bassin de l'Amour, au contraire, l'ennemie est une humidité terrible; les pluies détruisent le plus souvent les récoltes; le blé pousse en herbe, de loin il paraît beau, mais les épis ne contiennent pas de grains. D'autres fois, les grains sont couverts de petits champignons minuscules. Les paysans disent alors que le blé est « ivre », il a trop bu d'eau. Les animaux le refusent, et le pain qu'on en tire rend malades ceux qui le mangent.

« C'est, me disait un jour un pope, de la nourriture tout au plus bonne pour le diable! » Pour dégager le sol de son humidité, les paysans mettent le feu aux grands roseaux qui couvrent la terre, et l'on voyage souvent sur la ligne de l'Oussouri entre deux immenses incendies. Le feu gagne parfois les forêts et de grandes richesses sont détruites en quelques jours.

On trouve dans le pays de l'Amour une végétation spéciale, assez semblable à celle de Mandchourie. On cultive surtout le froment, l'orge, le seigle, l'avoine, le sarrasin, le millet. Presque tous les instruments agricoles sont fournis par les maisons étrangères de Vladivostok. Sauf dans les mauvaises années, les récoltes suffisent amplement à la nourriture des habitants, qui pourraient même faire des provisions pour parer aux disettes futures, mais les Russes comme les enfants ne savent que jouir du présent, et ne s'inquiètent jamais de l'avenir.

Le système adopté est celui des jachères alternées : on cultive un champ, puis on le laisse reposer.

A côté de l'agriculture, l'élevage a une grande importance, en Transbaïkalie du moins, car le prix des bêtes dans la Province Maritime est relativement assez élevé. D'ailleurs, dans certaines parties de la région, les bêtes à cornes sont très petites, et les moutons semblent réussir assez mal.

Certains paysans ont pu se construire de belles maisons et vivent assez confortablement. D'autres habitent des cabanes à moitié construites, il n'y a qu'une seule pièce : on termine la maison quand on le peut. Un Russe ne sait pas faire des économies, et souvent ne peut pas en faire. La vie est dure, et les fonctionnaires subalternes, le scribe du village, le pope même et surtout sa femme, ont des exigences souvent difficiles à contenter.

« Ce sont tous des sangsues, me disaient un jour un paysan, qui ajoutent naïvement : à leur place nous ferions comme eux !

Les plus riches colons que j'aie connus sont établis en Transbaïkalie; ce sont des exilés appartenant aux sectes dissidentes. Dès la seconde partie du xviiie siècle, ils furent envoyés en Transbaïkalie, et leur nom, les « Séméiski », vient d'un mot qui signifie famille : ils ont pris ce nom parce qu'ils ont été exilés en famille, disent les uns, parce qu'ils se marient entre eux, prétendent les autres : nulle part, on ne peut trouver des types plus purs de Grands Russiens. Ils eurent longtemps à lutter, dans les vallées de la Tchikoï, du Khilok et de la Sélenga contre les Mongols, mais leur opiniâtreté fut sans égale, et leur succès prouve tout ce que des gens travailleurs peuvent faire en Sibérie. Leurs mœurs étaient jadis citées en exemple aux autres émigrants; ils apprenaient tous à lire et à écrire, conservaient pieusement leurs vieilles coutumes et on pourrait faire encore chez eux ample moisson d'anciennes légendes et de chansons des siècles passés. Ce n'est que récemment que quelques-uns ont commencé à boire et à fumer. Ils ont des maisons de prières où les vieux font la lecture et aiment à mêler à leur conversation des citations tirées des livres saints. Ils vivent sans popes, mais tous les trois ans ils font venir de Russie, d'Iaroslav, un prêtre de leur secte qui bénit, baptise et marie pour le passé, le présent et l'avenir. En leur absence, ce sont les vieux qui célèbrent les mariages. Les fiancés sont grands et robustes, les jeunes filles, saines et fraîches, très jolies sous l'étoffe rouge qu'elles drapent autour de leur tête; elles portent des colliers à gros grains, qui leur tombent en trois ou quatre rangs sur la poitrine.

*
* *

On ne saurait passer sous silence dans l'histoire de la colonisation sibérienne l'œuvre scientifique des savants et des explorateurs. Les voyageurs russes ont été nombreux : Potanine, Klementz, Krylov, Plitsine, Makarov, Nazimov; des Français ont fait aussi en Sibérie Orientale de sérieuses études. Une grande part du succès revient au célèbre président de la Société de Géographie de Saint-Pétersbourg, Pierre Petrovitch Sémenov. Grâce à lui, des succursales de la Société de Géographie et des Musées se sont ouverts partout. Citons en Sibérie Orientale les Sociétés et les Musées de Tchita, de Nertchinsk, de Troitskosavsk, de Blagovestchensk, de Khabarovsk, de Vladivostok, et même d'Alexandrosk dans l'île de Sakhaline.

A Tchita, le musée fut créé très intelligemment par un exilé, M. Koutnetsov; celui de Vladivostok renferme déjà de belles collections, mais celui de Klabarovsk surtout, grâce à l'initiative du général Grodekov, ancien gouverneur général de l'Amour, est important : il renferme une riche collection d'animaux et de plantes et surtout une belle collection ethnographique. Le musée est un grand monument, bâti sur une terrasse élevée : l'Amour, très large, coule majestueusement au pied de la montagne, et, de l'autre côté du fleuve, on aperçoit, indistincte et mystérieuse, la rive appartenant à l'Empire du Milieu.

CHAPITRE III

LES INDIGÈNES DE L'AMOUR

Les populations indigènes. — Leurs mœurs. — L'œuvre des
popes. — Croyances. — Une cérémonie funèbre.

Il y a dans la Russie d'Asie, depuis les frontières
du Turkestan jusqu'à l'océan Glacial, et depuis
les monts Ourals jusqu'au Pacifique, beaucoup de
peuplades de mœurs et d'origine diverses, mais je
ne connais pas de régions dans le vaste empire où
elles soient plus nombreuses que dans le bassin du
fleuve Amour. Toutes ces peuplades indigènes portent
des noms barbares, désagréables à entendre et difficiles à prononcer ; refoulées par les Cosaques d'abord
et par les paysans ensuite, elles leur ont laissé
prendre les meilleures places, et disparaissent peu à
peu. Elles sont composées d'individus primitifs et
inoffensifs, très timides et très intimidés.

Oroks, installés dans des huttes enfumées, au

bord de la Manche de Tartarie, très petits, avec un nez large et court, des yeux bridés, des pommettes très saillantes et des bras incroyablement longs; Guiliaks campant sur les bords de l'Amour inférieur et dans le bassin de la Tyme, dans la longue île de Sakhaline, rappelant par leur aspect, par leurs goûts et par leurs habitudes, certains indigènes de l'Amérique du Nord; Goldes, au milieu desquels s'est passée l'aventure que l'on lira plus loin; Manègres, dont le type est si purement mongol et qui gîtent sous des branches d'arbres réunies en faisceaux et recouvertes tantôt d'écorces de bouleaux, tantôt de peaux de bêtes sauvages; Oltches, des environs de Khabarovsk; Birars, du district de Blagovestchensk; Toungouses, épars dans tout le chemin du fleuve Amour et du lac Baïkal; Orotchones, chassant les bêtes à fourrures dans les monts Sikhété Aline et dans le bassin de l'Oussouri, tous ces indigènes vivent d'une vie à peu près semblable, presque toujours misérables, car le climat sibérien est également dur partout et les mêmes nécessités font naître toujours les mêmes lois.

Les indigènes de la Sibérie Orientale sont avant tout chasseurs et pêcheurs. L'été, vêtus d'habits légers, en peaux de poisson ou même en fils d'ortie, ils passent tout leur temps dans leurs barques étroites et longues, faites en écorce d'arbres ou creusées dans un tronc, et poursuivent les saumons si nombreux dans le fleuve Amour, dans ses affluent; et dans les baies de la côte du Pacifique. Les poissons capturés sont ensuite vidés, débarrassés de leurs arêtes qu'on abandonne aux chiens; ils sèchent quelque temps au soleil et sont mis ensuite en dépôt pour l'hiver. Lorsque viennent les premiers froids, une vie non moins active commence : les indigènes s'habillent de peaux de bêtes : les bottes sont en peaux de phoque ou de chien, les chapeaux et les bonnets en peaux de renard ou de chien, les pelisses en peau d'ours parfois; ils portent des boas très chauds faits avec des queues d'écureuils. La plupart des sauvages sont chasseurs autant que pêcheurs, pourtant ils se spécialisent quelquefois et, le plus souvent, le Toungouse et le Golde sont chasseurs, tandis que le Guiliak est presque exclusivement pêcheur. Les chasseurs poursuivent dans les forêts, que seuls ils ont osé explorer, l'ours et le glouton, la loutre et l'hermine, le renard et la zibeline : ils glissent rapidement sur la glace, les pieds attachés à leurs étroites raquettes, longues souvent de plus de deux mètres; ils voyagent dans leurs traîneaux attelés de trois à treize chiens, qui vont à toute vitesse, rénversant tout, dévorant tout sur leur passage. On met environ sur le traîneau 45 kilogrammes par chien attelé; on peut faire jusqu'à 18 kilomètres à l'heure, et il y a des attelages qui marchent jusqu'à cinq heures par jour. Le conducteur ne se sert ni de brides ni de guides, il conduit son équipage à la voix, il tient toujours en main un long bâton solide qu'il appuie de toute sa force contre la terre dans les descentes et qui lui sert de frein. Le chien de tête est toujours un animal de prix, c'est lui qui mène ses compagnons, qui les avertit et qui les dirige. Un chien ordinaire coûte quelques francs, un chien de tête pour le traîneau vaut parfois jusqu'à deux cents francs.

On verse, il est vrai, très souvent. Un indigène me promit un jour que nous ferions une verste par trois minutes : je ne pensais guère à compter les verstes, j'ignore si nous fîmes une verste en trois minutes, mais je versais plus de trois fois par minute. Je pris l'aventure tout d'abord assez mal, puis je devins peu à peu philosophe et à la dixième ou douzième chute, le sauvage qui me conduisait se tourna vers moi et me dit :

« Tu vois, tu t'habitues à verser ! »

Les chiens des indigènes sont très trapus, ils ont les pattes courtes et fortes. Leur museau est allongé, leurs dents larges et acérées, leurs oreilles droites et pointues, leur pelage varie entre le noir, le gris, le fauve et le blanc, leurs yeux, bleus, gris, noirs ou blancs, sont parfois de couleur différente. Ils sont la grande, la seule richesse des sauvages; ils servent, on vient de le voir, aux traîneaux; leur chair est aussi une nourriture appréciée; leurs peaux sont excellentes, transformées en manteaux, en bonnets ou en guêtres; on les emmène à la chasse et, la nuit, ils écartent du campement les bêtes sauvages de la forêt; enfin les chiens servent de monnaie aux indigènes chez qui l'argent est toujours rare, parfois même inconnu. Un jeune homme qui veut se marier est obligé de payer une dot à son beau-père : il s'acquitte de sa dette en lui donnant quelques chiens : il y a des femmes qui valent deux ou trois chiens, une barque, une marmite ou simplement quelques jours de travail fournis par le gendre à son beau-père. Le mariage n'est d'ailleurs pas une cérémonie, mais un fait naturel et qu'on n'a pas à célébrer : les indigènes de l'Amour vivent presque à la façon des bêtes.

Tout en les refoulant, les Russes ont essayé de les convertir et, dans ce but, ils leur ont envoyé des missionnaires. Si l'on s'en rapporte aux statistiques, on pourrait croire que les popes se sont acquittés de leur tâche avec le plus grand succès, mais les chiffres donnés par les autorités compétentes sont cependant très sujets à caution, et rien n'est parfois plus menteur qu'une statistique, surtout lorsqu'elle est sibérienne.

Les popes d'Asie sont presque toujours des gens peu instruits, grands buveurs et quelquefois grands coureurs; ils sont assez indulgents pour les péchés des autres et très indulgents pour les leurs. Ils n'imposent pas toujours l'estime et presque jamais le respect.

Il est vrai que les popes baptisent avec rage, le plus souvent qu'ils peuvent et plutôt deux fois qu'une : leur zèle est en effet sans bornes et j'ai connu des sauvages qui avaient reçu plusieurs fois le sacrement du baptème et qui avaient été inscrits sur les registres chaque fois avec un nom différent : un baptême rapporte toujours quelque argent au prêtre russe et les femmes des popes, qui sont insatiables, trouvent qu'il n'y a jamais de trop petits profits. Que d'histoires amusantes je pourrais raconter à ce sujet après les quelques années que j'ai passées en Sibérie! J'ai vu des gens qu'on baptisa en bloc sans leur avoir préalablement demandé s'ils étaient consentants; d'autres furent baptisés par force, d'autres enfin par surprise, sans qu'ils eussent le temps de savoir ce qu'il leur arrivait. Bien souvent des jeunes gens, à qui les parents refusent la permission de se marier, vont trouver le pope qui les convertit et les marie : les parents, devant le fait accompli, n'ont pas à récriminer et les époux devenus chrétiens n'en continuent pas moins

LES SAUVAGES DU BASSIN DE L'AMOUR : LEURS FEMMES

LES SAUVAGES DU BASSIN DE L'AMOUR : LEURS DIEUX
(Photographies de M. Ninaud.)

à pratiquer leur religion païenne et n'abdiquent aucune de leurs croyances chamanistes. Tel indigène qui a un gros délit sur la conscience et qui craint la prison, obtient du pope, moyennant baptême, la promesse qu'on fermera les yeux sur sa faute. Le plus curieux c'est qu'il y a même des chamanes, c'est-à-dire des prêtres indigènes, qui ont été convertis par des prêtres russes et qui continuent à exercer en secret leur ancien métier. Le plus souvent, d'ailleurs, le sauvage croit à la divinité du dieu que le pope lui apporte :

« Tu sais, me disait un jour un Golde, le dieu du pope est un dieu lui aussi. Il y a tant de dieux dans le ciel, dans les eaux et dans les forêts, que nous ne pouvons pas toujours les connaître tous : il y en a toujours quelques-uns de plus qu'on ne croit ! »

Puis il ajoutait :

« Nous avons mis l'image vendue par le pope quand il nous a baptisés, dans un coin de notre maison ; nous avions peur que nos dieux ne se fâchent de ce que nous en avions reçu un nouveau : ils n'ont rien dit et sont restés calmes, ils ont pensé sans doute que le nouveau venu avait peu d'importance. D'ailleurs le pope nous a dit qu'il était tout à fait bon : un Dieu qui ne fait pas de mal n'est pas un dieu puissant : les grands dieux sont méchants, et se plaisent à tourmenter les hommes ! »

On voit que les dieux des sauvages de la Sibérie orientale sont nombreux : en général, ce sont les forces de la nature qu'ils divinisent et qu'ils adorent parce qu'ils ne peuvent les comprendre.

Pour mieux faire connaître la mentalité des indigènes du bassin de l'Amour, je n'ai qu'à choisir parmi mes souvenirs, et une seule aventure suffira pour les bien dépeindre ; on comprendra alors qu'ils ne sont guère perfectibles, et qu'ils semblent destinés à disparaître devant les races plus fortes qui les entourent, et à devenir la proie de la tuberculose, de la syphilis et de l'ivrognerie, les trois plus importantes maladies qui les rongent aujourd'hui.

Je m'étais arrêté en 1902 dans une petite station sur la rive gauche du fleuve Amour, à la lisière d'une épaisse forêt : non loin de là, au bord d'une petite rivière, était établi un campement golde : dès mon arrivée au campement, des chiens furieux se précipitèrent à ma rencontre, en montrant de formidables dents. Des gamins qui jouaient dans la boue et qui n'avaient pas été lavés depuis leur naissance — débarbouiller un enfant lui porte toujours malheur — s'enfuirent et se réfugièrent dans des huttes, effrayés par les grelots de mon tarantas et par la présence de l'officier russe qui m'accompagnait. Un homme sortit pourtant d'une hutte en planches disjointes et dont quelques-unes étaient pourries, la plus belle pourtant de tout le campement. Très petit, avec des jambes courtes, un visage plat et rond, des yeux bridés, d'énormes oreilles, et des pommettes très saillantes, le sauvage présentait dans toute sa laideur et toute sa pureté le type de la race golde. Il était vêtu d'une blouse en lambeaux, portait une courte jupe en peau de phoque tacheté, un grand bonnet en peau de renard et des bottes faites avec des morceaux de peaux de jambes de cerfs sauvages.

« C'est le Golde le plus intéressant des environs, me dit Boris Arkadiévitch, l'officier qui m'accompagnait. Notre pope, le père Serge, le dit très intelligent, mais la rumeur publique l'accuse d'être sorcier, charlatan, chamane en un mot. Eh! Gotchi, conduis-nous. »

Gotchi, en riant, vint à nous un peu craintivement, il nous fit visiter le campement : toutes les huttes étaient pareilles, carrées, avec de grands foyers rectangulaires à l'intérieur, dont la fumée s'échappait insuffisamment par le trou pratiqué dans le toit de chaque maison ; au mur, pendaient des vêtements en peaux de poissons, de phoques, d'ours, de chiens et parfois des bonnets faits avec des fourrures de prix et ornés de dessins de couleurs très voyantes.

Les femmes se taisaient et baissaient la tête devant nous ; elles portaient deux tresses de cheveux, une sur chaque épaule ; elles avaient des bagues de métal au pouce et à l'index, des bracelets de fer à chaque poignet, des anneaux réunis en forme de chaînettes aux oreilles, et souvent dans le nez un autre anneau sur lequel elles passaient la langue de temps à autre, sans doute pour se moucher plus proprement. Dans une des huttes, une femme donnait à téter à son petit, et une gamine de six ans s'était emparée de l'autre sein de la mère et le suçait avec gourmandise. Celle-ci tenait dans sa main restée libre, la menotte très sale du bébé, et, pour la nettoyer, elle la léchait lentement et l'essuyait ensuite à sa manche toute grasse. A ma première visite, les Goldes se tinrent sur la réserve, mais en leur offrant du thé, du sucre et des bonbons, je gagnai vite leur confiance. Une grande distribution de feuilles de tabac eut le plus grand succès, chacun en déchirait un morceau, et bientôt hommes, femmes et enfants, fumaient des pipes qu'ils se repassaient de bouche en bouche : ceux qui ne fumaient pas, chiquaient.

Après quelques visites, je n'avais pu avoir pourtant aucun renseignement intéressant : l'officier russe par sa présence gênait mes nouveaux amis.

J'avais remarqué chez Gotchi des objets bizarres,

que Boris Arkadiévitch appelait des jouets d'enfants ; Gotchi l'avait immédiatement approuvé, mais son approbation était un mensonge, car j'avais reconnu deux dieux sous la forme d'un ours et d'un tigre très grossièrement sculptés. Le tigre était très long, avec une interminable queue et des jambes très courtes ; l'ours, un peu mieux fait, était le dieu invoqué pendant certaines maladies et pendant les couches douloureuses. Ce fut une grande épouvante quand Boris Arkadiévitch voulut s'emparer des deux objets.

J'avais aperçu dans un coin une statuette non moins grossière : tête ovale, tronc énorme, sans bras et sans jambes. Gotchi avait placé à côté d'elle une tasse en écorce de bouleau avec un peu de graisse, des racines et quelques grains de riz. Je m'approchai de la statuette au grand effroi des sauvages et, sans rien dire, tirant une cigarette de ma poche, je fis glisser le tabac dans la tasse comme offrande à la divinité : Gotchi me tendit la main aussitôt et me remercia. J'avais reconnu dans l'idole le dieu Aïami, celui qui protège les Chamanes, qui leur donne la force, l'astuce et la science, et je m'étais empressé de lui porter mon offrande : je savais que ce que ce dieu préfère à tout, c'est le tabac. Gotchi était donc bien un Chamane, mais je n'avais plus le temps de causer avec lui, il me fallait entrer au village russe où devait m'attendre un bateau.

O naïveté impardonnable à un voyageur qui connaît la Sibérie! Dans ce pays, il y a bien des horaires, mais les heures qu'ils indiquent ne sont jamais celles auxquelles arrive ou part un bateau; le lendemain apprenant que le bateau n'était pas encore annoncé, je retournai, seul cette fois, au campement des Goldes.

A mon grand étonnement, personne ne vint à ma rencontre. Le campement était désert, et la plupart des huttes vides. J'entrai enfin dans une cabane assez grande où je trouvais réunis presque tous les hommes du campement. Au milieu d'eux Gotchi, une peau de bête en guise de chapeau, une plaque de métal sur la poitrine et à la main une canne ornée de grelots et de peaux d'écureuils et de zibelines, officiait en chantant et en dansant. Sur les planches qui servaient de lit, une femme était couchée; à côté d'elle quelque chose de très gros était étendu, caché par une peau de bête. A ma vue, Gotchi s'arrêta, les Goldes se levèrent, la femme fit un mouvement, la peau de bête glissa à terre et je vis qu'elle était couchée nue à côté du cadavre d'un homme.

« Je vous demande pardon de vous déranger, dis-je à Gotchi; faut-il que je m'en aille?

— Non, tu peux rester, me dit le Chamane, tu n'es pas un Russe, toi, et hier tu as fait des offrandes à nos Dieux! »

Il m'expliqua ensuite que son camarade était mort subitement; appelé en toute hâte, Gotchi n'avait pas réussi à chasser les mauvais esprits et à ranimer le corps du défunt. Les femmes lavèrent alors le mort, l'habillèrent, et l'épouse, pour la dernière fois avant que son mari soit mis au cercueil, s'était, selon l'usage, couchée toute nue auprès de lui.

On apporta le cercueil où l'on plaça le cadavre. Nous suivîmes tous le convoi, le spectacle était lugubre, une brume humide nous enveloppait; derrière les porteurs marchaient le Chamane, la femme et les enfants; des parents tenaient à la main des objets qui avaient appartenu au défunt et un jeune homme traînait un chien dont les hurlements plaintifs s'unissaient aux cris des assistants.

On fit un trou peu profond, on y plaça le cercueil après avoir mis auprès de lui une tasse, un briquet, une pipe, du tabac, objets dont un mort peut toujours avoir besoin, ainsi que m'expliqua Gotchi. On brisa ensuite l'arc du défunt et Gotchi s'approcha du tombeau.

« Nous venons de te faire une maison tranquille, s'écria-t-il; vis-y tranquille et sans jamais nous faire du mal! »

Deux Goldes amenèrent alors le chien auprès du tombeau, ils le prirent l'un par les pattes de devant, l'autre par les pattes de derrière et Gotchi l'immola d'un coup de couteau en plein cœur.

On recouvrit ensuite le cercueil de terre, et chacun se sauva à toutes jambes, de peur d'être emmené par l'âme du mort qui guettait auprès du tombeau dans l'espoir d'entraîner quelqu'un avec elle.

Revenus au campement, les Goldes firent cuire le chien immolé devant le tombeau et le dévorèrent. Gotchi cependant s'offrit pour me reconduire au village : le brouillard était intense autour du campement.

Chemin faisant, je demandai à Gotchi ce qu'allait devenir la femme du défunt.

« Pendant sept nuits, me répondit-il, elle va pleurer sur la tombe de son mari, puis je ferai une cérémonie religieuse, et elle pourra se remarier aussitôt.

— On épouse volontiers une veuve chez vous? demandai-je.

— Une femme jeune et qui a déjà eu des enfants est toujours bonne à épouser : le rôle d'une femme est d'avoir des enfants; celle-là peut en avoir puisqu'elle en a déjà eu.

— Le défunt était riche?

— Oui, répondit Gotchi, et il n'avait rien à faire, car un autre travaillait pour lui.

— Sa femme l'avait donc trompé? dis-je en faisant allusion à une punition d'adultère presque générale chez les indigènes du fleuve Amour.

— Oui, répondit Gotchi, et selon l'usage, les vieux ont condamné l'amant à travailler pour le mari. Le mort a toujours eu de la chance : à la pêche et à la chasse, tout lui réussissait dans sa jeunesse; enfin quand il est devenu vieux, il a été trompé par sa femme, et nous avons condamné l'amant qui était actif et vigoureux à travailler à la place du mari! »

Nous arrivions cependant au village, le brouillard s'était enfin dissipé, et Gotchi me serra la main après m'avoir demandé un peu d'argent pour acheter de l'eau-de-vie.

« Tu boiras tout.

— Je boirai tout!... Non, ajouta-t-il, j'en donnerai un peu aux esprits pour qu'ils te protègent pendant ton voyage. Adieu, je te souhaite le bonheur! »

Et veut-on savoir ce que des peuples aussi primitifs entendent par le bonheur? Un autre de mes amis, non moins sauvage que Gotchi, me l'a expliqué plus tard.

« Du poisson sec tous les jours, me disait-il, de la viande de phoque ou de chien pour les jours de fête, et trois ou quatre femmes bien robustes pour travailler pour toi pendant que tu ne feras rien : voilà ce que je te souhaite lorsque tu seras de retour dans ton pays ! »

Je prie mes lecteurs de croire que je ne me suis conformé à aucun point d'un pareil programme !

CHAPITRE IV

LES BOUDDHISTES

Les peuples demi-civilisés. — Le partage des terres. — Les exigencés de la guerre. — La vie des lamas. — Un dieu vivant.

Nous venons de voir quels ont été les rapports des Russes et des sauvages, mais il n'y a pas que des sauvages en Sibérie Orientale, et les Bouriates sont autrement intéressants que les Goldes ou les Orotchones. Très supérieures à toutes les peuplades dont nous venons de parler dans le précédent chapitre, il existe en Sibérie Orientale, en Transbaïkalie, des populations appartenant à la race mongole, connues sous le nom de Bouriates : ce ne sont plus là des peuples qui disparaissent, ils ont au contraire toujours beaucoup d'enfants. Ils font partie du groupe des demi-civilisés de Sibérie dans lequel je les range avec les Kirghizes et les Iakoutes, ce sont des peuples, les uns nomades encore, les autres passant peu à peu de la vie nomade à la vie sédentaire. Les prêtres musulmans, les moullahs, chez les Kirghizes, les prêtres bouddhistes, les lamas chez les Bouriates ont pris ces peuples en tutelle, et, par leur influence occulte, luttent victorieusement contre les popes russes. Grâce à leur religion, les Kirghizes et les Bouriates ont un semblant de civilisation.

Il y a en Sibérie deux groupes de Bouriates, l'un à l'ouest, l'autre à l'est du lac Baïkal. Les Bouriates de l'ouest n'ont pas été convertis à la religion bouddhique, ils sont restés chamanistes et les premiers colons russes qui s'établirent auprès d'eux rencontrèrent une résistance opiniâtre : ils sont encore conducteurs de troupeaux, mais la plupart d'entre eux sont devenus sédentaires et s'occupent d'agriculture. Les popes russes font aux chamanes une guerre acharnée ; ils ont converti une partie des indigènes à la religion orthodoxe : ceux-ci ont été baptisés à la façon des Goldes ou des Toungouses et sont restés au fond du cœur fidèles aux superstitions de leurs pères. Parmi les Bouriates convertis, il y a trois espèces de chrétiens : les sincères, si rares qu'on peut les compter, les convertis par intérêt et les convertis par force ou nécessité. Le pope baptise un voleur en lui promettant d'étouffer l'affaire qui pourrait le conduire

en prison : entre le bap'ême et la prison, l'indigène
n'hésite pas un instant.

Le même fait se reproduit chez les indigènes de
Transbaïkalie, mais la conversion d'un bouddhiste
est plus difficile à obtenir que celle d'un chamaniste.
Les lamas luttent avec acharnement contre les popes,
et leur sont parfois supérieurs en intelligence et en
moralité. Les popes de Transbaïkalie sont d'ailleurs
de pauvres hommes, très superstitieux ; j'en ai même
connu un qui se faisait soigner par un lama !

« Comme prêtre, me disait-il, je le méprise, mais
comme médecin il est bien plus fort que tous les
médecins russes de la province ! »

Le lama vit dans le célibat, tandis que le pope de
Sibérie est très prolifique : il porte ses enfants un
peu partout, mais sa femme ne peut pas trop se
plaindre, puisqu'il lui en donne toujours huit ou
dix pour sa part.

Il n'y a guère encore aujourd'hui en Transbaïkalie,
en fait de colons, que les Séméïski dont nous avons
parlé. L'administration désirerait pourtant attirer
de nouvelles forces et donner des terres à d'autres
émigrants : or la zone agricole est peu large en
Sibérie et les terres fertiles disponibles deviennent
rares. On a pensé à les prendre aux Bouriates.
Ceux-ci s'occupaient avant tout d'élevage ; ils aiment
la vie patriarcale des pasteurs nomades, mais ils

ne peuvent plus la mener à la façon des Kirghizes
de la grande steppe. Ils ne cultivent la terre que
pressés par la nécessité, et ce nouveau métier ne
leur plaît guère, même lorsqu'ils y réussissent. Dans
le district de Sélinguinsk pourtant, ils ont dû se
résigner à cette existence nouvelle. Des colons ont
labouré les terres : d'immenses plaines sont encore
en friche où de grands troupeaux peuvent vivre,
mais les champs cultivés sont devenus autant
d'obstacles à la marche des caravanes. Dans ces
conditions, la grande vie nomade est devenue impossible et les éleveurs de troupeaux ont dû chercher
dans l'agriculture de nouveaux moyens d'existence :
leur genre de vie, tout d'un coup, a été changé.

Le gouvernement a cependant décidé de faire une
nouvelle répartition des terres. Jadis, sous le prétexte que les Bouriates conducteurs de troupeaux
n'avaient pas besoin des terres les plus propres à
la civilisation, on a disposé de celles-là. Aujour-
d'hui, on veut leur donner à chacun un certain
nombre de dessiatines de terre, de telle façon que, les
grands troupeaux ne pouvant plus vivre, les indigènes verront leurs richesses diminuer et seront
forcés de cultiver des terres qu'au précédent partage
on avait déclarées impropres à la colonisation. Ils
sont donc en droit de se plaindre, et les lamas, qui
ont une grande influence sur eux, les y poussent

de toutes leurs forces. Un écrivain français a, dans un livre tout de parti pris, parlé d'une grande conspiration entre les lamas et le gouvernement russe : tout cela n'est que fantaisie, car les réformes annoncées par la Russie, si elles ne rendront pas les Bouriates plus pauvres, si même elles amélioreront peut-être un peu le sort des plus misérables, ruineront les plus riches d'entre eux, les lamas, tout les premiers.

Très effrayés par les projets russes, les Bouriates ont envoyé à l'empereur députations sur députations, ils ont adressé des suppliques au gouverneur général de l'Amour, et ils demandent encore à tout fonctionnaire qui passe de vouloir bien intercéder pour eux.

« Je ne me fais pas d'illusion, m'écrivait l'un d'eux ; les Russes ont la force pour eux et nous ne pouvons leur opposer que l'inertie. »

Cela me rappelait le mot d'un autre nomade :

« Je n'ai pas peur des Cosaques, me disait-il ; seulement, quand j'en vois un sur la route, je me dépêche de me sauver ! »

Les Bouriates ont toujours eu une autre crainte, et plus que jamais devront l'avoir : celle de devenir soldats russes. Il y a un an, le général Kouropatkine, de passage à Tchita, fit connaître aux Bouriates les réformes décidées à Saint-Pétersbourg : il déclara ensuite qu'on savait que les Mongols de Transbaï-

kalie étaient des sujets fidèles, pleins de dévouement
pour la Russie. Un délégué bouriate prit la parole
aussitôt et mit les choses au point.

« L'empereur nous a promis, dit-il, que nous ne
serions jamais soldats. »

Cette crainte d'être soldats est si grande que les
Bouriates ont cru, à l'époque du recensement, que
toutes les formalités d'alors n'avaient d'autre but
que de les enrôler. Ils ont peur de la guerre, et
quoi qu'en disent les journaux soi-disant bien ren
seignés, ils n'oseraient pas faire cause commune
avec les ennemis de la Russie. La guerre n'en est
pas moins terrible pour eux : pendant la campagne
contre les Boxers, on leur a demandé des chevaux,
du foin, des morceaux de feutre et des tentes : ils
ont été très irrégulièrement payés, quelques-uns
n'ont même jamais été remboursés; il y a eu de la
part des fonctionnaires des actes regrettables. On
affecta une somme pour le remboursement des Bouriates, mais l'argent passa par tant de mains qu'il
resta dans les poches de certains fonctionnaires.
L'un de ces derniers m'avoua que, si les Bouriates
n'avaient pas été remboursés, ce qui avait fait le
malheur des uns avait fait le bonheur des autres.
Un Bouriate qui m'accompagnait et qui avait assisté
à notre entretien me dit ensuite :

« J'en aurais de belles à raconter sur celui-là ! »

Puis, après un silence, il reprit, en l'arrangeant à
sa façon, la phrase du fonctionnaire :

« Quand on y a trouvé son bonheur, on se console aisément du malheur des autres ! »

J'ai constaté d'ailleurs que les Bouriates étaient
toujours prêts à donner des pots-de-vin dans la
crainte de représailles ou simplement pour avoir la
paix : j'ai entendu un vétérinaire qui annonçait
aux moines que leurs bêtes étaient malades de la
peste et qu'il était venu pour les abattre. Le chef
des moines ne se troubla pas, donna un billet de
cent roubles au vétérinaire et tout le monde fut
content : le vétérinaire qui avait reçu ce qu'il désirait, les moines qui avaient craint que cela ne leur
coûtât bien davantage, et les bêtes qui continuèrent
à paître tranquillement dans les prés. L'élevage est
encore malgré tout, en effet, la grande occupation
des Bouriates ; il y a dans la province beaucoup de
bétail, les plaines y sont bien arrosées et les pâtu-
rages excellents.

Pour bien faire comprendre les mœurs, les coutumes et la mentalité des demi civilisés de Transbaïkalie, le mieux est de raconter ici, comme je l'ai fait
pour les sauvages dans le chapitre précédent, une
des aventures typiques qui m'arrivèrent lorsque je
vivais avec eux.

La religion bouddhiste fut, on le sait, reformée

par un moine du Thibet appelé Dsonkhava, que les
livres saints avaient annoncé et qui entreprit de
rendre au bouddhisme sa pureté primitive : il ne
réussit, à vrai dire, qu'à lui donner une hiérarchie et
une discipline; il fonda des monastères qui furent
habités par des moines ou lamas. Le lamaïsme ou
croyance jaune gagna le Thibet, la Mongolie, la
Mandchourie et la Transbaïkalie. Il y a aujourd'hui
quatre grandes incarnations de Bouddha : la plus
connue est le Dalaï-Lama, vice-roi du Thibet, auquel
les Anglais font la guerre et qui a, dans ces dernières
années, échangé avec le tsar plus d'une ambassade ;
il ne faut pourtant pas voir dans ce fait la grande
conspiration annoncée par certains publicistes qui
ont l'air d'avoir été dans les pays dont ils parlent.

Parmi les quatre grandes incarnations de
Bouddha, les Mongols et les Bouriates vénèrent
surtout le Bogdoguéguen ou Khoutoukhta. L'influence de cet homme-dieu est très grande et la
Russie envoie auprès de lui ses plus rusés consuls.
La Russie tient à être en bons termes avec lui comme
avec tous les personnages influents de Mongolie,
car elle a toujours le projet de construire, entre
Irkoutsk et Pékin, un Transmongolien.

Lorsqu'un des hommes considérés comme incarnation divine meurt, les moines se rassemblent et
les astrologues lisent dans les astres à quel endroit

UN MONASTÈRE BOUDDHIQUE EN TRANSBAÏKALIE

UN LAMA BOURIATE

vient de naître un enfant qui sera considéré par tous comme l'incarnation vivante de la divinité. On dit que jadis les moines tuaient tout jeune Dieu dès qu'il atteignait l'âge d'homme, pour qu'il ne prît pas sur le peuple une trop grande autorité.

On ne sait qui a raconté aux Bouriates que le tsar était un dieu : les Mongols voient des dieux partout, et il est incontestable que beaucoup d'indigènes ont accepté comme vraie cette légende peu ancienne. Le tsar serait même l'incarnation non d'un dieu, mais d'une déesse : l'âme de Tsagane Dara Ekhé (Dara la Blanche) serait entrée jadis dans le corps de Catherine II et se serait incarnée ensuite de corps impérial en corps impérial.

Il existe en outre au Thibet et en Mongolie beaucoup d'incarnations secondaires, mais profondément respectées : ce sont des dieux vivants dont l'âme seule est d'essence divine, mais dont le corps est soumis à toutes les misères de l'humanité, à la souffrance et à la mort. Dès que l'un d'eux meurt, l'âme du dieu se réincarne immédiatement dans le corps d'un nouveau-né, qui doit prendre la place du défunt, et dont les astrologues lisent le nom dans les étoiles.

J'ai vécu longtemps dans l'intimité des lamas. J'avais appris du premier lama qu'un enfant-dieu de treize ans existait en Transbaïkalie. Le premier

lama porte le nom de Khambo-Lama, il est nommé
par la Russie, qui le choisit entre trois candidats pro-
posés par tous les monastères. Le nombre des lamas
de chaque monastère et le nombre des monastères
sont fixés par la Russie. Les moines vivent, entourés
d'élèves, dans des maisons de bois autour des temples, qui sont souvent très beaux. Ils m'ont accordé
l'hospitalité, refusant toujours mon argent et n'ac-
ceptant que quelques cadeaux. Chose amusante et à
peine croyable, le Khambo-Lama, chez lequel j'ai
vécu dans son monastère du Lac des Oies qui est
venu à Paris en 1900 et qui est au courant de nos
mœurs, m'a répondu, quand je lui ai demandé quel
cadeau je pourrais lui offrir, qu'il désirait obtenir
les palmes académiques et, depuis le 14 juillet 1903,
le Khambo-Lama Iroltouev est officier de l'Instruction
publique!

L'enfant-dieu habitait le monastère de Tsougal,
et nul Russe n'a pu recevoir la permission de le
voir. La veille de mon départ, le chef des lamas, le
chéretoui, m'offrit de rendre visite à l'enfant, qu'un
moine courut aussitôt prévenir de notre intention.

« Attendons quelques instants, me dit le chéretoui, il faut que Dieu s'habille! »

J'aurais pourtant bien voulu voir un dieu en
négligé.

Le jeune homme m'attendait près de sa porte.

Son nom était Loupsane Loundok Tambi Nima,
c'est-à-dire Esprit complet, Foi et Soleil. C'était un
assez joli enfant, au visage rose et blanc, vêtu d'une
robe en étoffe précieuse, soie brochée bleu ciel, agré-
mentée de broderies d'argent.

Il me tendit gravement la main, sérieux comme
un petit homme, et me fit traverser son jardinet, le
seul que j'aie vu dans les lamaseries. L'intérieur de
sa maison était propre et coquet. Il avait sur une
estrade un siège spécial, sorte de trône formé de
coussins de soie entassés les uns sur les autres. Il
s'assit à droite du trône m'invitant de la main à lui
faire pendant de l'autre côté.

Beaucoup de moines étaient entrés, ils se cour-
baient profondément devant Loupsane.

Un usage curieux existe chez les Mongols :
l'étranger reçoit toujours une hospitalité complète.
A la fin du repas on lui offre une écharpe de soie
appelée khadak. De même, dans les temples, devant
les dieux, les fidèles viennent placer des khadaks
dont la longueur et la finesse varient avec la fortune
des donateurs.

A peine étais-je assis chez le dieu que le chef du
monastère, suivi des plus importants lamas, entra :
c'était un vieillard de quatre-vingts ans. Mains
jointes, profondément courbé, il avança à pas lents,
puis il s'inclina très bas devant l'enfant qui, gra-

vement, posa ses petites mains sur la tête du vieillard : tour à tour les moines passèrent respec-
tueusement devant l'enfant-dieu ; ils s'inclinaient
et lui offraient des écharpes roses, bleues, grises ou
blanches.

J'avais pendant mon voyage reçu une grande
quantité de khadaks et je pensais que l'occasion
était bonne de me débarrasser de l'un d'eux : on
ne rencontre pas un dieu tous les jours. J'offris en
outre à Loupsane un miroir à deux faces dont je me
servais, oserais-je le dire? pour me raser. Une des
faces était grossissante : le dieu s'y contempla avec
complaisance, daigna sourire et me remercia d'un
petit signe de tête.

Je l'interrogeai sur ses études ; autour de lui je
voyais beaucoup de livres : il étudiait les langues
russe et thibétaine pour pouvoir voyager plus tard.
Il restait cependant silencieux, laissant le plus souvent les lamas me répondre, et ceux-ci m'affirmaient
en effet que le dieu irait visiter tous les pays bouddhiques, le Siam et Ceylan, les Indes et le Thibet.

« Donnez-moi votre carte », dit tout à coup le
jeune dieu.

Je lui tendis une carte, et Loupsane m'annonça
qu'il voulait plus tard aller visiter l'Europe comme
l'avait fait le Khambo-Lama de Transbaïkalie : il
m'annonça que sa première visite serait pour moi.

L'avenir me réserve donc l'honneur de promener un dieu sur le boulevard des Italiens! Mais nous sommes à une époque où les dieux sont très modernes, et le jeune Loupsane me demandera peut-être de le conduire aux Folies-Bergère!

Tout à coup la porte de la chambre s'ouvrit et un autre enfant, un peu plus jeune, entra; il s'inclina devant le petit dieu et prit place au milieu des lamas, qui le saluèrent à leur tour.

« Nous avons reçu il y a onze ans, me dit le chérétoui, un messager venu en toute hâte du Thibet : il nous a appris ce que les astres avaient annoncé au Dalaï-Lama : l'âme d'un célèbre lama thibétain venait de s'incarner dans le corps d'un enfant né près de notre monastère, dans un endroit qu'on nous désigna. Nous avons trouvé en effet l'enfant dans une pauvre cabane : il grandit au milieu de nous, conservant tous les honneurs, toutes les prérogatives auxquels son rang lui donne droit! »

La naissance de Loupsane avait été annoncée de la même façon. Un jour des prêtres vinrent au Thibet et annoncèrent aux moines de Tsougal qu'ils avaient appris dans les astres la naissance d'un enfant-dieu. Non loin d'un village qu'ils désignaient dans les environs du monastère, un enfant nouveau-né était une nouvelle incarnation de Bouddah. Les indications données étaient si vagues qu'on trouva

facilement un enfant né dans les conditions requises.
Au bout de quelques années, l'enfant mourut, mais
les astrologues, faisant appel à toute leur science,
consultèrent les astres et déclarèrent que l'âme
divine était passée dans le corps d'un autre enfant,
né non loin de là, dans un endroit où l'on pouvait
voir un certain nombre de rochers et de bouleaux.
On peut donc trouver facilement un enfant né le jour
de la mort de la première incarnation et ce second
dieu fut le jeune Loupsane, auquel j'avais l'honneur d'être présenté.

L'autre gamin, dans le corps duquel s'était incarnée l'âme d'un moine thibétain, était proprement
habillé, mais ne portait pas un costume comparable
à celui de Loupsane. Il était vêtu comme le sont
les moines du Thibet, son bras gauche était nu. Il
avait une frimousse amusante, il me regardait et me
répondait avec le plus grand sérieux, mais je voyais
de la gaieté et surtout de la malice dans ses yeux.

« Comment vous appelle-t-on ? » demandai-je.

Il me dit son nom en thibétain et ajouta gravement :

« Traduit en langue mongole, mon nom signifie :
Esprit heureux, grande sagesse et mer sans limites.

— Et, lui dis-je en riant, vous aimez tout de
même les bonbons ?

— Oh oui ! »

Ce « oui » avait un tel accent de conviction que
tout le monde se mit à rire. L'enfant-dieu s'était
approché, mais gardait toujours son air sérieux. Il
me présentait à son tour un khadak : mon audience

était terminée et il ne me restait qu'à serrer la main
divine qui m'était tendue.

Je quittai les lamas le lendemain, je devais partir
pour le Japon. A l'heure de mon départ, on m'offrit
une interminable écharpe de soie bleue, que cinq
moines portaient sur leurs mains ; au milieu d'eux,
le chéretoui, sur l'écharpe étendue sur ses mains,
portait une statue de bronze.

« Vous êtes resté longtemps notre hôte, me dit-il,

et aujourd'hui nous avons pour vous beaucoup d'estime et d'amitié. Vous allez faire un long voyage et les voyages sont souvent dangereux : voilà le dieu Aïouchi, celui qui donne la longue vie : prenez-le, nous vous l'offrons : grâce à lui, vous voyagerez sans danger! »

Il m'est arrivé bien des aventures et j'ai passé par des moments difficiles, mais si je suis revenu sain et sauf, car le dieu Aïouchi, enroulé dans mes chemises de flanelle, du fond de ma malle, a soigneusement veillé sur moi!

** **

La colonisation russe a donc fait disparaître peu à peu les sauvages de Sibérie Orientale; elle a forcé les bouddhistes à changer leur façon de vivre et à renoncer à des coutumes séculaires. Il s'est produit là un fait que nous constatons partout lorsqu'une race supérieure apparaît dans un pays : la lutte pour la vie commence, les plus faibles sont vaincus et disparaissent peu à peu.

CHAPITRE V

LES ÉTRANGERS EN SIBÉRIE
ORIENTALE

Chinois et Japonais. — Le rôle des Chinois en Sibérie.
— Les Japonais. — Les Coréens. — Les Européens.

Sur les territoires russes de Sibérie Orientale,
vivent un grand nombre d'étrangers, des Chinois surtout, des Japonais et des Coréens, des Européens et des Américains.

Nous parlerons tout d'abord des Chinois.

Un voyageur qui raconte ses aventures est souvent
en contradiction avec ses compatriotes : ceux-ci ont
lu des livres, des romans surtout, où certains types
leur ont été présentés comme vrais et sont depuis
acceptés comme tels. La fantaisie de nos romanciers
nous a donné, par exemple, un type de femme russe
qu'il n'est pas possible de trouver en Russie ; de même,
il est établi dans tous les pays d'Europe que les peuples
d'Extrême-Orient, Chinois et Japonais, sont, le pre-

mier très malfaisant, le second doué au contraire des plus rares qualités; le Japonais est aussi intelligent que le Chinois l'est peu; il est, dit-on, travailleur, courageux, sympathique, tandis que le représentant du Céleste Empire se montre toujours fourbe, lâche et paresseux.

La majorité des voyageurs d'Asie et des commerçants établis en Extrême-Orient, juge au contraire avec une grande sévérité les Japonais, auxquels ils reprochent leur orgueil et leur vanité, et surtout leur mépris, leur haine de l'étranger qui se traduit si souvent par des faits très regrettables.

Au point de vue commercial, tous les marchands et tous les hommes d'affaires sont d'accord pour se plaindre de la mauvaise foi japonaise : la parole d'un Chinois en matière commerciale vaut une signature européenne, tandis qu'un contrat passé avec un Japonais n'a que la valeur du papier sur lequel il est écrit. Les Japonais ont donné une fois de plus, récemment encore, une preuve de cette vérité : ils avaient fondé une banque où ils ne devaient employer que des Japonais, et, au bout de quelques mois, ils durent confier leurs caisses à des comptables chinois.

Le parti pris qu'on a et que j'avais moi-même contre les Chinois semble vite injuste quand on se trouve en Extrême-Orient. On nous a trop parlé du mal qu'ont fait les Chinois, mais pas assez de celui que nous leur avons fait nous-mêmes et que nous leur faisons encore; non, ils ne sont pas les monstres qu'on nous a trop souvent décrits, ils sont travailleurs, ils sont honnêtes à leur façon, qui vaut bien la façon européenne; ils ont le plus grand respect pour la science et les savants, ils ont une intelligence vive et une finesse absolument supérieure.

Une Parisienne qui se trouvait en Extrême-Orient en même temps que moi, me parlait des idées préconçues qu'elle avait apportées, comme moi, d'Europe, de son changement brusque d'opinion, et de l'estime qu'elle portait aux Chinois qui vivaient autour d'elle à Vladivostok.

« Les trouvez-vous laids? demandai-je.

— Quand les hommes ont des yeux comme en ont les Chinois, me répondit-elle, on ne peut pas dire qu'ils soient laids! »

Beaucoup de Chinois ont, en effet, un regard vif, gai, pétillant d'intelligence et d'esprit; il y en a même qui sont très beaux.

Les Chinois sont nombreux dans le bassin de l'Amour : on en rencontre à partir d'Irkoutsk, dans la Transbaïkalie, le long de l'Amour et dans la Province Maritime. La loi refusait jadis aux femmes chinoises d'habiter près de la frontière : les Chinois qui vivent sur le territoire russe sont donc encore

aujourd'hui séparés de leur famille, les plus jeunes
d'entre eux sont presque des enfants. Venus de
Canton ou de Changhaï, de Tchéfou ou de Pékin,
ils mettent comme condition à leur voyage que
leur corps, s'ils meurent en Russie, sera ramené en
terre sainte, c'est-à-dire dans le Céleste Empire, et
en effet, les morts mis en bière sont toujours ren-
voyés à leurs familles. Les Chinois de Canton qui émi-
grent en Asie russe sont presque toujours garçons de
bureaux, ou domestiques, ceux de Tchéfou ouvriers
ou manœuvres. Ils font tous les travaux, et les entre-
preneurs sont d'accord pour dire que le travail fait
par les Chinois est achevé plus vite et revient à
meilleur compte que celui qui est confié aux Russes.
Il semble incontestable aussi, d'après tout ce qu'on
en a répété, que le domestique chinois est souvent
un très bon serviteur, fidèle et attaché à ses maîtres.

Un grand nombre de Chinois s'occupent de commerce; ils ont, dans les villages de la région de
l'Amour, de nombreuses boutiques. Dans chacune
d'elles le maître de maison est le plus souvent
assis, grave et flegmatique, immobile parfois comme
une statue. Il porte presque toujours la veste
blanche, un pantalon de cotonnade bleue serré à la
cheville, des bas de laine noirs et des souliers de
cuir ou de coton blanc. Le commerçant chinois
trouve le moyen de s'enrichir là où le négociant

russe ne peut parvenir à joindre les deux bouts, et
la raison en est bien simple : le premier est plus
sobre, plus travailleur et surtout plus économe que
le second. Les magasins dépendent presque toujours
d'une maison importante située en Chine et dont
ils ne sont que les succursales. A la tête de chaque
succursale se trouve un gérant. Les plus jeunes, dès
leur arrivée, sont chargés des travaux du ménage, ils
doivent tenir la maison propre, préparer la table et
servir le thé. Le gérant d'une boutique importante a
le plus souvent débuté comme verseur de thé dans
la maison même qu'il dirige aujourd'hui. Tous les
trois ou quatre ans, selon les économies qu'il a pu
faire, le Chinois retourne à son village natal où il
a laissé sa femme et ses enfants. Je n'en ai connu
qu'un qui se soit fixé sur la terre russe définitivement, après avoir épousé par amour une femme
sauvage des bords de l'Oussouri, à laquelle, depuis
de longues années, il reste fidèle.

Il est très facile d'entrer en relations avec les
Chinois de Sibérie, ils sont en général hospitaliers et
très aimables : quand on entre chez eux le soir, les
uns jouent, les autres bavardent ; ils vous invitent à
dîner ; le maître de maison ne s'assied pas à table
avant la fin du repas : il surveille le service.

Les plus jeunes servent de domestiques et apportent les plats : il y en a parfois une trentaine, si les

invités ont été priés à l'avance : ce sont des vieux œufs qui sont restés pendant des mois en terre, des vers de mer, des champignons de toutes sortes, des cochons de lait désossés et grillés, des petits oiseaux roulés dans des feuilles de nénuphar, des ailerons de requins, des choux de mer, etc., etc. A la fin des repas qu'en l'honneur des Russes on arrose d'eau-de-vie, on passe un plat où se trouvent mélangés tous les mets servis au cours du dîner. Il y a parfois des mets dont les noms rendent rêveur et dont on ne peut reconnaître l'origine : aliments précieux ou plaques parfumées.

Souvent un plat trop barbare ou très faisandé déplaît à l'Européen. Un jour que j'avais refusé des œufs pourris, mon hôte me dit moitié riant, moitié faché :

« C'est là un mets trop fin, sans doute, pour être apprécié par un gosier européen ! »

Il y a peu de gens qui soient plus spirituels que les Chinois. Ils sont le plus souvent bavards et vous racontent des histoires amusantes qu'ils inventent à plaisir. Là où ils sont sincères et inépuisables, c'est quand ils parlent des Khounkhouzes, ces fameux brigands de Mandchourie, dont ils ont une horrible terreur et auxquels paient peut être tribut, presque tous les Chinois établis en territoire russe.

Les Chinois qui ont été si éprouvés, après les
affaires des Boxers, n'aiment pas à parler des mas-

UN MARIAGE D'AMOUR
CHINOIS ET FEMME GOLDE

sacres de Blagovestchensk racontés au chapitre II de
ce travail. Qui ne connaît la fable des lapins de
La Fontaine? Les lapins jouent gaiement au soleil,
broutent sans souci et font cent tours dans la

bruyère et le thym : tout à coup, les chasseurs qui les guettent, les visent au bon moment, des coups de feu partent, des morts couvrent le sol et les chiens achèvent les blessés, pendant qu'épouvantés les survivants s'échappent et regagnent leurs tanières. Puis le silence se fait, un lapin sort de son trou, un peu inquiet; le calme des environs le rassure, d'autres le suivent, et bientôt la bande tout entière, oublieuse du passé, revient brouter et sauter sur le champ encore humide du sang qu'on a versé.

Je ne sais pourquoi, ou plutôt je ne sais trop pourquoi j'avais toujours à l'esprit cette fable en visitant à nouveau, lors de mon dernier voyage, les bords du fleuve Amour. Il y avait alors moins de Chinois qu'en 1899 à Irkoutsk ou en Transbaïkalie, mais dans la province de l'Amour et dans la Province Maritime, il ne semblait pas qu'il y en eût beaucoup moins. A Blagovestchensk, où les massacres avaient été si terribles, je ne retrouvais plus tous ceux que j'avais connus plusieurs années auparavant; je trouvai pourtant un vieillard qui m'accueillit aimable comme autrefois, mais qui, sur les mauvais jours, garda le silence le plus obstiné :

« Il vaut mieux, me dit-il, ne plus parler du passé. Je connais les défauts des Russes comme leurs qualités. Si deux ou trois hommes ont été des monstres, les Russes n'en restent pas moins de bons enfants qui ont été indignés par les cruautés ordonnées par leur gouverneur. D'ailleurs, chaque nation européenne aura sa page honteuse quand on écrira l'histoire de la guerre des Boxers. Croyez-vous que nous n'aurions rien à dire sur les Français? »

Je cite cette phrase sans chercher à la discuter. On m'a parlé souvent, pendant mon voyage, des cruautés allemandes et quelquefois aussi d'actions vilaines qu'on reprochait aux Français, à nos missionnaires comme à nos soldats; mais, chose curieuse, les Chinois que je voyais savaient tous que la France avait décidé de rendre à la Chine les prises de guerre : en Mongolie même on m'en a parlé, et l'effet de cette mesure a été considérable; je ne l'aurais jamais cru si je n'en avais vu moi-même les conséquences :

« Comment avez-vous été sauvé? demandai-je à mon vieil ami le Chinois.

Le visage tout ridé du vieillard, qui avait pris une expression de tristesse inaccoutumée, redevint tel que je le connaissais, fin, spirituel, malin :

« Je pourrais vous dire la vérité, me répondit-il, mais j'aime mieux vous laisser supposer que j'ai été sauvé par une femme. On a encore de temps à autre de petits succès à mon âge! »

Les Chinois qui, avant les massacres, étaient dans la province de l'Amour plus de 15 000, ne sont guère que 9 000 aujourd'hui; mais, dans la Province

Maritime, ils sont au nombre de près de 40 000 individus presque tous du sexe masculin, car il n'y a guère plus de 300 Chinoises.

Il n'y avait pas, à l'époque de mon dernier voyage, 3 000 Japonais dans la Province Maritime : tous s'occupaient plus ou moins d'espionnage. J'ai connu, ne parlant pas russe, tel coiffeur à Khabarovsk que j'ai retrouvé plus tard à Tokyo : mais il avait changé de métier, il était devenu photographe et il parlait russe depuis son retour au Japon.

Les Japonais de Sibérie sont actifs et intelligents; les uns sont coiffeurs, les autres photographes, et on vient de lire qu'ils passent, selon les besoins de la cause, d'un métier à l'autre avec la plus grande facilité; un certain nombre d'entre eux sont domestiques ; ils offrent même pour rien leurs services : on les nourrira et peu à peu ils apprendront la langue. Servir n'est pas un déshonneur pour un Japonais et plus d'un élève de gymnase ou plus d'un étudiant a accepté d'être domestique à Vladivostok : c'est là encore une forme habile d'espionnage, et lorsque la douane a été établie dans la ville, bon nombre des nouveaux fonctionnaires se sont trouvés avoir des domestiques japonais.

L'espionnage n'est pas seulement le privilège des hommes, les femmes s'en occupent avec non moins d'ardeur : leur double métier leur permet de pénétrer

partout; elles sont ordinairement, en effet, blanchis-
seuses ou prostituées; souvent elles cumulent et
excellent dans les deux métiers.

A chacun de mes voyages en Sibérie, j'ai trouvé
que les Japonais étaient plus nombreux. Beaucoup
passaient comme par hasard, ils avaient souvent des
lettres de recommandation pour les fonctionnaires
et ils se montraient si aimables qu'on leur permettait de pénétrer partout. Les Russes ont toléré en
Sibérie ce que nous avons toléré en Indo-Chine :
c'est tant pis pour eux aujourd'hui, ce sera peut-être
tant pis pour nous demain.

Les Coréens habitent près du golfe de Possiète. Ils
ont fondé des villages florissants près de Nikolski,
de Khabarovsk et même de Blagovestchensk. Ils ont
conservé leurs habitudes et leur langue, mais ils
sont devenus sujets russes et ont été convertis.

Les enfants apprennent le russe dans des écoles
paroissiales sous la direction de maîtres, contrôlés
eux-mêmes par des missionnaires. La plupart des
maîtres sont mal choisis, ils sont méchants avec
les enfants à qui ils n'apprennent guère qu'à chanter
des cantiques et des chants nationaux, à lire et à
écrire. On ne s'occupe presque jamais de mathéma-
tiques ou de géographie. L'un des maîtres, dans
les écoles de l'Oussouri que j'ai visitées, était un
ancien forçat qui venait de quitter le bagne.

Les Coréens ont une très grande crainte des popes. Les prêtres de leur ancienne religion viennent pourtant les voir en cachette et conservent sur eux une réelle influence.

« Mes paroissiens, me disait naïvement le pope de Korsakov, sont convertis du fond du cœur ; mais, par un reste d'habitude, pour un enterrement ou pour un mariage, ils vont chercher leur sorcier avant de venir chez moi ! »

Les paysans des villages coréens sont très souvent prospères et riches, travaillent avec zèle, très opiniâtres et très travailleurs. Ils ont, comme les colons russes, fort à faire pour lutter contre l'humidité du pays, et les récoltes sont souvent compromises ou perdues au moment de la période des pluies. Pour combattre l'humidité, ils brûlent, eux aussi, des plaines entières, mais trop souvent le feu, poussé par le vent, atteint et détruit les forêts voisines.

Les maisons habitées par les Coréens sont souvent confortables : leur toit est couvert de chaume, ils ont un four sous le plancher des pièces dans lesquelles ils se trouvent le plus souvent, mode de chauffage bien connu dans presque toutes les provinces de Corée.

Les autres étrangers établis dans le bassin de l'Amour sont des Allemands, des Américains, des Anglais, des Norvégiens et des Français.

Des Allemands ont fondé des succursales de grandes maisons d'Hambourg; celles-ci ont su,

comme il le fallait, s'entendre avec les petits fonctionnaires; elles le tiennent par des prêts qu'ils ne peuvent pas rembourser : leur importance s'accroit de jour en jour. Les Norvégiens s'occupent sur-

7

tout de navigation et les Américains ont fait depuis quelques années de grands progrès.

Les explorateurs français ont fondé des maisons dans les grandes villes : ils sont venus les derniers et n'ont pas eu de chance. M. Mangini, après avoir sacrifié beaucoup d'argent à Blagovestchensk, est mort dans un accident. M. Chaffanjon réussissait à Vladivostok, mais son commerce fut entravé lorsque la douane fut créée et que la ville cessa d'être port franc. La malchance continua quand la grosse et intéressante affaire des fabriques de conserves et de pêcheries du Kamchatka, engagée par M. Adrien Monod, échoua à la suite de l'accident terrible qui causa la mort de notre compatriote. Le commerce français est pourtant aujourd'hui bien représenté à Dalny, à Vladivostok et à Irkoutsk, par une grande maison de commission parisienne.

En résumé, les étrangers, sauf les Chinois, ne sont pas nombreux dans l'Extrême-Orient russe, et la place reste bien aujourd'hui tout entière aux Russes, qui peu à peu s'y établissent plus nombreux, entre les Japonais qui les espionnent et les Chinois qui travaillent et demandent avant tout la paix.

CHAPITRE VI[1]

SOUVENIRS DE L'ALLIANCE ANGLO-JAPONAISE

Un séjour au Japon. — Le mauvais accueil des Japonais. —
Leurs griefs. — Rôle des journaux anglais. — L'alliance
anglo-japonaise. — Manifestations japonaises.

JE me trouvais au Japon au moment de la déclaration officielle de l'alliance anglo-japonaise.
J'étais parti, en décembre 1901, de Vladivostok
sur un bateau de la grande compagnie japonaise
Nippon-Yusen-Kaisha, qui devait faire d'assez
longues escales dans les ports coréens de Gensane
et de Fousane : nous nous arrêtâmes deux fois
avant d'arriver à Kobé, point terminus de la ligne

1. Pour bien prouver à mes lecteurs que je ne cherche pas
à faire, comme on dit, le prophète après coup, je tiens à
faire observer que les faits qu'on va lire dans les chapitres VI
et VII et les conséquences qui en découlent, ont déjà été
publiés en partie et avant la guerre dans la *Revue des Questions Diplomatiques et Coloniales*.

maritime japonaise. A chaque arrêt, à Nagasaki, à Moji et à Kobé, nous dûmes passer une visite sanitaire : déjà nous voyions avec quel enfantillage les Japonais avaient tenu à s'assimiler les habitudes européennes : un médecin à chaque escale montait sur le bateau, le capitaine faisait ranger sur le pont d'un côté les matelots et de l'autre les passagers et le médecin tâtait le pouls de chacun, après avoir exigé qu'on lui tirât la langue. Une telle visite, sommaire et enfantine, nous sembla comique la première fois à Nagasaki, ridicule la seconde à Moji, insupportable la troisième à Kobé. Un des passagers qui se trouvaient avec moi était un Anglais, savant spécialiste des choses d'Extrême-Orient. Lorsque nous débarquâmes ensemble sur le quai devant la douane de Kobé, nous aperçûmes le médecin qui causait avec un officier. Des pousse-pousse se précipitèrent vers nous, et l'Anglais, qui parlait couramment la langue japonaise, leur donna l'ordre de s'aligner devant lui, puis gravement, devant le médecin visiblement furieux et rendu muet par la colère, il leur fit tour à tour tirer la langue, leur tâta le pouls et fit alors son choix parmi les traîneurs absolument ahuris : « A mon tour, s'écria-t-il, de faire passer une visite à la japonaise ! »

J'étais resté, avant de débarquer au Japon, de longs

PORT DE NAGASAKI

mois au milieu des sauvages indigènes de Sibérie, dans
les bassins du Baïkal et du fleuve Amour. L'hiver était
venu, et, avant de terminer la mission dont j'étais
chargé par le ministre de l'Instruction publique, et
qui devait durer plus d'un an encore, j'étais allé chercher dans ce pays charmant qu'on appelle le Japon un
repos et une distraction : mon espoir fut bien déçu ;
accueilli assez froidement en 1899, je fus, pendant
l'hiver 1901-1902, tout à fait mal reçu. J'étais chargé
de négocier des échanges entre les musées scientifiques français et japonais. Ce ne fut pas ma faute si
mon séjour à Tokyo n'eut pas les résultats que
j'étais en droit d'espérer. Les professeurs de l'Université à qui j'étais recommandé ne répondirent pas
même à mes lettres ; le recteur m'écrivit que mes
propositions étaient très intéressantes, mais que,
pour nous entendre, il fallait tout d'abord que je
quittasse le Japon ; les étudiants m'insultèrent un
jour aux abords de l'Université ; des gens que j'avais
obligés à Paris ou au cours de mes voyages refusèrent de me recevoir et finalement une lettre du
ministre de la Cour m'annonça que le professeur,
directeur du musée, qui seul pouvait passer un contrat avec moi, était tombé gravement malade ; il était
parti dans le Midi : on va, au Japon, comme chez
nous, dans le Midi, quand on est malade. A mon
grand étonnement, deux ou trois jours après cette

lettre, le professeur présidait une fête à Tokyo et prononçait quelques discours qui prouvaient l'excellence de sa santé. Il m'a d'ailleurs depuis demandé un service, car quelques jours plus tard il vint me voir quand je ne l'attendais plus.

La seule excuse que je trouve à l'accueil qui me fut fait est la suivante : le défaut le plus grand qu'aient les Japonais est une incommensurable vanité : ils savent la pousser au suprême degré, ils en sont parfois prodigieux, parfois aussi infiniment comiques. Les professeurs qui refusèrent de me voir et qui connaissaient les merveilleuses galeries scientifiques des musées européens se refusaient à me montrer les leurs qu'ils savaient être incomplètes : il y avait là une question d'amour-propre.

Et puis j'étais un étranger, un barbare! J'avais d'ailleurs la consolation très négative, il est vrai, de voir que d'autres chargés de missions étrangères n'étaient pas mieux traités que moi. Enfin j'arrivais à un mauvais moment, et je venais de Russie. On savait très bien que mes travaux en Russie m'avaient mis en bons termes avec les autorités russes et que j'avais officiellement collaboré à l'Exposition russe de 1900. J'étais donc un espion, un vulgaire espion : un journal le déclara et on me le fit bien voir.

On m'en faisait en quelque sorte payer pour les autres; je tiens pourtant maintenant à oublier toutes ces petites rancunes personnelles pour juger impartialement et comme il sied les Japonais dont je sais apprécier les qualités.

On a pu remarquer que, depuis quelques années, les voyageurs et les savants qui ont écrit sur le Japon, se sont montrés sévères pour les Japonais d'aujourd'hui. Les Japonais sont aimables surtout quand ils voyagent en pays étranger; ils se montrent séduisants au possible, mais ne sont plus du tout les mêmes lorsqu'on les retrouve dans leur pays : il est difficile d'ailleurs de les voir, ils ne vous reçoivent pas chez eux, tombent malades dès la nouvelle de votre arrivée et téléphonent à votre hôtel, — comme tel fonctionnaire auquel j'étais recommandé, qui avait de grandes obligations à un de mes amis, et qui pourtant ne voulait pas me voir, — pour savoir si vous êtes enfin parti.

« Comment tout cela vous est arrivé ! me disait un Japonais de Paris. Nous sommes pourtant si hospitaliers ! »

Il est incontestable que les Japonais sont devenus peu accueillants, peu hospitaliers et bruyamment hostiles aux étrangers. Il faut avouer par contre que, dans leurs écrits, les Européens ne sont pas toujours justes, ils ont le très grand tort d'être à la fois juges et parties et de parler toujours des défauts des Japonais sans faire tout d'abord, eux aussi, un examen de conscience qui leur permettrait de constater leurs propres torts. Si nous sommes si mal accueillis, ne nous en prenons pas seulement aux Japonais, mais à nous-mêmes.

Le temps n'est pas loin, en effet, où nos commerçants exploitaient les Japonais et les trompaient aussi souvent qu'ils le pouvaient, où nos diplomates les traitaient en petits garçons, où les touristes venus d'Europe et d'Amérique les considéraient presque comme des bêtes curieuses. Quand on y réfléchit bien, on est obligé de reconnaître que nous avons eu les premiers torts. Nous avons, il est vrai, oublié le mal que nous avons fait, mais faut-il s'étonner de ce que les Japonais aient eu la mémoire plus longue et gardent toujours rancune aux Européens, qu'ils ont eu parfois très légitimement le droit de traiter de barbares?

Aux vieux griefs que les habitants du Soleil-Levant avaient contre l'Europe, de nouveaux, tout aussi légitimes, se sont ajoutés par la suite. Les dernières années qui viennent de s'écouler ont été dures pour le Japon, les Japonais ont été profondément blessés dans leur amour-propre, et c'est là une offense qu'ils ne peuvent pardonner.

Le Japon s'est montré héroïque pendant sa guerre avec la Chine. L'Europe a bruyamment salué et célébré sa vaillance, mais que lui a rapporté sa vic-

toire? Il s'est heurté à un accord franco-russo-allemand qui s'est manifesté de façon inattendue mais
très énergique, et aux ambitions plus secrètes et
plus habilement cachées des États-Unis et surtout
de l'Angleterre. Il faut bien le constater aujourd'hui :
le Japon a fait la guerre; il a obtenu la victoire en
sacrifiant beaucoup d'hommes et beaucoup d'argent,
mais les puissances européennes, pour prix sans
doute de leur admiration, ont réclamé la part d'une
victoire qu'elles n'avaient pas remportée. La Russie,
l'Allemagne et l'Angleterre ont occupé militaire-
ment quelques points importants des côtes chinoises. La France et l'Italie se sont montrées plus
modestes dans leurs ambitions, mais on les aurait
peut-être estimées davantage si elles avaient hautement, elles aussi, manifesté des exigences et pris
part à la curée générale. A vrai dire, pour un
habitant d'Extrême-Orient, ces deux puissances
n'ont pas eu les dents assez longues parce qu'elles
se sentaient moins fortes que les autres et les Japonais pensent, disent et écrivent qu'elles ne sont que
des puissances de second ordre : pourquoi, puisqu'il
en est ainsi se gênerait-on avec elles?

Il y a donc entre les Européens et les Japonais
des malentendus qui s'aggravent de jour en jour, et
il est profondément regrettable que nos diplomates
n'aient pas, depuis longtemps, cherché franchement

un terrain d'entente. La France et le Japon avaient bien des raisons pour vivre d'accord en Extrême-Orient, et les deux pays auraient trouvé de grands avantages dans une cordiale entente.

On savait depuis longtemps déjà que le Japon tendait à devenir le rival des nations européennes, et que ce pays, rajeuni et transformé, déployait dans ce but un prodigieux effort. L'expansion japonaise a été industrielle et commerciale, maritime et militaire, l'armée a été plus que doublée, la flotte quadruplée et composée d'unités nouvelles et formidables : il n'y a pas dans le monde une seule nation qui possède une flotte plus moderne.

Malheureusement pour le Japon, les caisses publiques se sont vidées très vite, et l'argent a manqué quand les créanciers ont présenté leurs factures. L'indemnité chinoise avait été tout à fait insuffisante pour rétablir les finances : on a dû faire flèche de tout bois, et les impôts, augmentés presque chaque année, pèsent aujourd'hui lourdement sur un peuple composé presque exclusivement d'artisans et de petits cultivateurs.

La crise éclata et pourtant, même alors, le Japon, ainsi que nous l'avons dit déjà, s'imposa à l'admiration du monde entier ; au moment où sa situation financière était compromise par l'imprévoyance des hommes d'État, par les tendances téméraires d'un esprit nouveau qui tentait de transformer le caractère japonais, par l'ambition d'imiter l'Europe, pourtant si dénigrée et si méprisée en lui empruntant trop souvent ce qu'elle avait de moins bon ou de moins assimilable, le Japon put donner l'illusion de la richesse et de la prospérité et sut se faire représenter admirablement à l'Exposition de 1900 par des envois de toute beauté dans chacune des sections artistiques ou industrielles. Au même moment, il prenait part à l'expédition de Chine pendant laquelle par leur bravoure, par leur endurance, par leurs qualités physiques et morales, les soldats japonais furent appréciés de tous les officiers des corps d'occupation européens. Le colonel Marchand, qui les voyait alors à l'œuvre, les proclamait les premiers soldats du monde, et notre attaché militaire à Tokyo disait qu'il n'avait jamais connu de tireurs plus adroits.

Les savants et les voyageurs qui se tenaient au courant de la politique d'Extrême-Orient, tiraient de tous ces faits une conclusion nécessaire. Le Japon était mûr pour une alliance et ce n'était pas en Asie qu'il pouvait aller chercher l'argent dont il avait besoin. Plus d'un pays d'Europe aurait trouvé son intérêt en la provoquant, et il est sûr aujourd'hui que le marquis Ito, dans son voyage à travers le monde, a frappé tour à tour à plusieurs portes.

Désireux avant tout d'obtenir l'argent qui lui était indispensable, le gouvernement japonais aurait fait alliance avec le premier peuple répondant à son appel. L'idée d'une alliance étrangère gagnait au Japon du terrain chaque jour, les esprits s'y accoutumaient, à quelque classe qu'ils appartinssent ; les journaux en parlaient et des livres se publiaient à ce sujet. Cette alliance n'était d'ailleurs pour tous qu'un moyen de réaliser des rêves secrets et des ambitions très chères, et de préparer pour l'avenir une politique essentiellement asiatique, c'est-à-dire avant tout japonaise et anti-européenne.

Malgré le respect que l'on montrait pour l'Allemagne, nation admirée entre toutes pour son armée et pour sa science, il ne semblait pas au Japon qu'il y eût intérêt à se tourner d'abord vers elle. Les États-Unis, avec lesquels le Japon flirte depuis quelque temps et qui seront l'ennemi de demain, avaient profondément blessé dans leur vanité les Japonais, en s'installant aux Philippines, d'où tout bon Japonais avait eu toujours le dessein de chasser les Espagnols.

Restaient la France, la Russie et l'Angleterre, et il semble bien que l'Angleterre n'ait marché que pour empêcher une entente entre le Japon d'une part, la Russie et la France d'autre part. J'ai cru personnellement que les Russes et les Japonais trouveraient un terrain d'entente sur la question si importante des pêcheries d'Extrême-Orient.

Depuis longtemps, en effet, le Japon a cherché à développer ses industries poissonnières : le poisson, le saumon surtout, est l'aliment essentiel des Japonais; en outre, le Japon, qui n'est pas un pays riche, vit de la culture de l'indigo, et surtout de celles du riz et du mûrier. Jadis les Japonais fumaient leurs champs avec des cosses de haricots de Chine et de Corée, dont de nombreux bateaux apportaient fréquemment des cargaisons; ils employèrent ensuite l'engrais de poisson, fait avec des harengs pressés et soumis à une préparation spéciale, assez sommaire d'ailleurs : depuis la guerre sino-japonaise, ils ont donné toutes leurs préférences à ce dernier engrais. L'engrais de poisson coûte pourtant cinq fois plus cher que celui que l'on fait avec des cosses de haricots, mais sa puissance chimique est au moins dix fois plus forte.

C'est sur les côtes russes de l'île de Sakhaline [1] et du Kamtchatka que les Japonais trouvent des harengs et des saumons en abondance. Les premiers de ces poissons, effrayés sans doute par les nombreux bateaux qui sillonnent les mers japonaises, semblent les avoir quittées pour toujours; les seconds, si

1. Voir le volume du même auteur : *Un bagne russe, l'Ile de Sakhaline*, Collection des Voyages, Librairie Hachette.

nombreux autrefois dans les rivières de Nippon et
d'Yéso, y sont rares aujourd'hui, car ils y ont été
pourchassés et détruits par des procédés de pêche
irrationnelle. C'est aussi dans les mers russes que
les pêcheurs japonais vont pêcher les baleines sur
les côtes et dans les baies étroites de Sakhaline et du
Kamtchatka : j'en apercevais presque chaque jour
dans la grande baie de Korsakov, lorsque je vivais au
milieu des forçats russes. Les villes de l'île d'Yéso,
Otaro, Marourane, Hakodaté surtout, sont de grandes
poissonneries; les pêcheurs, les marchands de salai-
sons, les fabricants de conserves, les directeurs et
les ouvriers des industries diverses de transformation des produits du poisson (peaux, os, huile,
engrais, etc.), forment une grande partie de la
population d'Yéso : on peut dire que la pêche fait
vivre l'île entière. Si le droit de pêche sur les côtes
russes leur avait été enlevé, ou si la Russie avait
ajouté des droits nouveaux à ceux qu'elle avait précédemment établis, une crise économique de la plus
grande gravité pouvait éclater au Japon : la perte du
droit de pêcher le hareng et le saumon sur les côtes
russes aurait porté un coup terrible au commerce, à
l'industrie et à l'agriculture même. Les habitants
d'Yéso qui, pendant de longs mois, seront obligés
de renoncer à la pêche dans les mers russes, vivront
très malheureux tant que durera la guerre.

Les diplomates accrédités auprès du mikado pensaient que, par des concessions habiles, la Russie pourrait s'entendre avec les Japonais qui lui laisseraient les mains libres en Mandchourie : la diplo-

LE PORT D'HAKODATÉ

matie russe s'abusait étrangement, les événements de cette année l'ont bien prouvé. Elle fut peut-être mal conseillée et mal dirigée, et l'Angleterre a très habilement contribué à l'échec des combinaisons de sa rivale en Extrême-Orient. L'Angleterre ne craignait rien tant qu'une entente russo-japonaise; elle se rendait bien compte que si les Russes et les Japonais parvenaient à négocier un accord, cet accord profiterait aux deux peuples; or

8

l'Angleterre n'a jamais aimé à enregistrer des profits pour les autres.

Elle avait pourtant bien des choses à faire oublier, car les Japonais ont la mémoire excellente et la rancune solide. On ne saurait trop leur rappeler aujourd'hui que l'Angleterre n'a pas pour le Japon une amitié bien ancienne et qu'elle ne l'aura peut-être pas bien longue : le temps n'est pas loin, où pendant la guerre de 1894-95, les vaisseaux anglais observaient une neutralité douteuse, surveillaient la flotte japonaise et se montraient tout prêts à protéger les Chinois. L'Angleterre semblait toujours disposée à renseigner la flotte chinoise sur ce que faisait la flotte japonaise, comme au commencent de la guerre actuelle elle s'est montrée très partiale, mais cette fois en faveur des Japonais. La victoire du Japon sur la Chine la surprit il y a neuf ans, elle avait cru à la supériorité de la Chine et, selon son habitude séculaire, elle s'était mise du côté de la nation qui lui semblait devoir être la plus forte. L'événement lui donna tort, mais sa diplomatie est de celles que rien n'embarrasse : elle a su tirer son profit des circonstances, elle est restée à l'écart de l'accord franco-russo-allemand, elle a abandonné les Chinois à leur triste sort et s'est improvisée l'amie fidèle de l'empire du Soleil-Levant. Tout cela fut fait avec la plus grande aisance, et de main de maître, il faut bien le reconnaître.

Non contents d'être les amis des Japonais, les Anglais entreprirent de les renseigner sur la politique mondiale, et surtout sur les ambitions de la Russie, afin de rendre l'ennemi commun plus impopulaire qu'il ne l'était déjà. Beaucoup de Japonais parlent et lisent couramment l'anglais, qui est la langue nécessaire à tous les voyageurs d'Extrême-Orient; quelques-uns, qui ont des rapports commerciaux avec Vladivostok ou avec Sakhaline, connaissent la langue russe; l'allemand est la langue scientifique, celle des professeurs et des étudiants, et on se plaît à dire que le français n'est plus qu'une langue de luxe : les pays européens n'ont plus d'importance à l'étranger que par le commerce qu'ils y font, et ce n'est pas malheureusement par des succès que nous nous faisons remarquer en Chine et au Japon.

De nombreux journaux en langue anglaise paraissent particulièrement dans les principales villes japonaises, à Tokyo, à Yokohama, à Osaka, à Kobé, à Nagasaki : c'est d'abord le *Japan Daily Mail*, qui s'édite à Yokohama et qui a des attaches étroites avec le *Times* de Londres, puis viennent le *Japan Times*, le *Japanese Advertiser*, le *Herald*, le *Kobe Chronicle*, le *Nagasaki Press*, etc. Pendant tout mon séjour à Tokyo, il y avait dans ces journaux comme un parti pris d'attaquer la Russie, la campagne de presse menée contre elle par tous les journaux ensemble ne lui laissait pas un jour de repos : chaque matin on lançait quelques nouvelles inattendues; on cherchait évidemment à exaspérer les rancunes japonaises. Presque toujours, les articles de fond parlaient de la Russie et ils portaient des titres extraordinaires : La Russie à la raison! — Echec au tsar! — Les pensées sournoises d'un pays voisin! — La Russie aurait enfin des scrupules! — Elle pêche en eau trouble! — Elle marche seule! — On la musellera!

J'en passe, et des meilleurs.

Les Japonais, qui peut-être avaient souri tout d'abord à la lecture de ces articles incendiaires, finissaient par les lire avec plaisir : la presse anglaise était parvenue facilement à suggestionner tous les esprits. Ils ne croyaient pas à tout ce qu'on lisait, mais, très rusés, ils faisaient semblant d'y croire, discutaient et s'indignaient hautement des ambitions de leurs ennemis : d'ailleurs, en Extrême-Orient comme en Europe, on croit aisément ce que l'on désire, on admet aisément ce qu'on craint.

Les journaux en langue japonaise avaient manifesté leur mécontentement de la réception faite par le ministre des Affaires étrangères de Russie au marquis

Ito : celui-ci fut en effet très froidement accueilli à
Saint-Pétersbourg. Il avait pourtant, semble t-il,
une idée bien arrêtée, celle de s'entendre avec la
Russie. Le comte Lamsdorf, mal renseigné peut-être
par son représentant à Tokyo, espérait sans doute
obtenir davantage en se montrant peu accueillant,
et le marquis Ito attendit vainement à Bruxelles le
mot qui le rappellerait à Saint-Pétersbourg. Ce fut
l'Angleterre qui profita de l'hésitation du comte
Lamsdorf et, grâce à deux diplomates japonais, Kato
et Hayaski, elle signa le traité d'alliance avec le
Japon. Il paraît aujourd'hui probable que le marquis Ito aurait consenti volontiers à s'entendre avec
la Russie et la France : les trois pays auraient
gagné à cette entente et la paix du monde n'aurait
pas été troublée !

On ne se doutait pourtant pas en Extrême-Orient
que l'heure de l'alliance anglo-japonaise, prévue
pourtant pas beaucoup d'Européens, mais pour une
plus lointaine échéance, allait enfin sonner. Les
journaux japonais furent les premiers surpris et il
est facile d'en donner la preuve. A la veille même de
la déclaration d'alliance, un des plus importants
journaux de Tokyo menait une campagne assez
déplaisante contre le ministre d'Angleterre. Il
annonçait bruyamment qu'il allait publier, le lendemain, des révélations sur la conduite scandaleuse

du ministre anglais, dont les mœurs, déclarait-il,
étaient déplorables. Les Japonais, dès qu'un étranger
leur déplaît, aiment à raconter sur son compte des
histoires de femmes : ce qui est péché véniel pour
eux, devient une infamie chez les autres; ils savent
d'ailleurs admirablement inventer, et leurs men-
songes font honneur à leur prodigieuse imagina-
tion. Il faut dire aussi qu'il y a deux moralités
au Japon, ou pour mieux dire une moralité et une
immoralité : la première est l'apanage exclusif des
Japonais, la seconde est, d'après eux, d'importation
étrangère. Qu'un traîneur de pousse-pousse, vêtu
d'un simple caleçon, et mordu par une puce, laisse
glisser son léger vêtement et se gratte le derrière en
pleine rue, exposant sa nudité aux passants, voilà
qui est moral, et qui ne peut choquer personne : c'est
un Japonais qui opère; mais qu'une gamine européenne se promène, convenablement habillée, mais
en chaussettes courtes et les genoux nus, c'est là
chose immorale et qu'on ne saurait tolérer. Je n'exa-
gère pas : je fais allusion à un fait qui s'est passé
en 1901 à Yokohama.

Le journal qui annonçait une campagne de
presse se tut pourtant : il déclara le lendemain que,
sur la prière de M. Tanaka, ministre de la Cour, il
renonçait à faire les révélations annoncées, mais
qu'il priait le ministre anglais de veiller à sa con-

duite et de considérer la note parue dans le numéro précédent, comme un premier avertissement.

La veille de la déclaration d'alliance, je passais l'après-midi avec quelques diplomates étrangers. L'un d'eux me parla de la situation politique : on respirait enfin librement après avoir passé par des transes dont l'Europe n'avait compris ni l'importance, ni la raison. Les derniers mois de 1900 avaient été gros de menaces : la Russie gardait vis-à-vis du Japon une attitude raide et déconcertante qui avait profondément blessé les représentants du mikado. Enfin tout semblait pourtant s'arranger et une entente n'était plus impossible entre le comte Lamsdorf et le marquis Ito. Diplomates et commerçants, tous étaient d'accord au Japon pour faire assaut de plaisanteries et de bons mots sur le voyage de ce dernier. Le ministre japonais, qui était parti à la recherche d'un emprunt, allait revenir empaqueté, ficelé dans les grands cordons multicolores de tous les pays d'Europe, constellé de croix, de plaques et de crachats; des décorations plein les mains, mais, hélas! tout dans les mains et rien dans les poches, et un Russe, qui tenait de près à la légation de son pays, déclarait qu'en effet les beaux jours étaient revenus et décrivait avec enthousiasme les bals et les concerts donnés depuis quelques mois par la légation de Russie, auxquels assistait toute la colonie étrangère, mais auxquels tour à tour les princes de la maison impériale se faisaient annoncer et d'ailleurs ne venaient pas, sans s'excuser jamais de leur impolitesse.

Et le Russe, qui parlait admirablement le français et même, on va le voir, l'argot parisien, s'écriait en manière de conclusion :

« En Angleterre, Ito a reçu l'ordre du Bain ; passez-moi le mot, mais c'est vraiment une façon très spirituelle d'envoyer au bain le ministre japonais! »

A l'heure même où nous avions cette conversation, le ministre des Affaires étrangères lisait à la Chambre des députés, et aux applaudisssements de tous ses collègues, la déclaration de l'alliance anglo-japonaise.

A l'hôtel où j'habitais, nul ne la connut le soir même. Le lendemain matin, j'étais encore au lit quand, selon son habitude, le boy japonais qui me servait entra pour prendre mes vêtements et les brosser. Chaque matin, il venait ainsi sur la pointe des pieds ; il ouvrait la porte doucement, afin de ne pas m'éveiller si je dormais encore. Ce matin-là, la nouvelle de l'alliance lui avait sans doute quelque peu tourné la tête : il alla jusqu'à mon lit et me donna deux claques sur l'épaule : je me dressai tout étonné par cette familiarité à laquelle je n'étais pas habitué, et le boy faisant semblant de tenir un fusil imaginaire, s'écria :

« Et maintenant, si la Russie bouge : poum!
poum! »

C'est ainsi que j'appris l'alliance anglo-japonaise.

Ce fut dans les légations et parmi les étrangers
une véritable stupeur, et les Japonais, qui sont des
gens observateurs et spirituels, ont dû s'amuser infiniment de la tête que faisaient les étrangers diplomates ou simples commerçants.

Je rencontrai, me promenant avec un ami japonais
qui était — il est mort depuis — un des plus char-
mants hommes que j'aie connus, la voiture du
ministre de Russie. Le ministre n'avait pas très
bonne mine, il voulait évidemment faire contre
fortune bon cœur, mais il ne parvenait pas pourtant
à dissimuler son mécontentement. Je prenais part à
ses ennuis, car c'était un homme aimable et très
hospitalier, mais je ne pus pourtant m'empêcher
de rire, quand mon ami Kouzé, me montrant le
visage du ministre, s'écria :

« Regardez-le donc, il a changé de couleur!
c'est lui maintenant qui appartient à la race jaune
aujourd'hui! »

Les Russes et les Allemands étaient parmi les
étrangers les plus mécontents : ils ne décoléraient
pas. Les premiers essayaient pourtant de temps à
autre de plaisanter et de rire, affectant de mépriser
les Japonais; mais ils riaient jaune, eux aussi, car

ils comprenaient, mieux que tous autres, les conséquences que pouvait avoir pour leur pays la nouvelle alliance : ils connaissaient la valeur de la flotte japonaise et s'en inquiétaient au fond du cœur. Les seconds sentaient profondément le coup qui les frappait, d'autant plus que, moins que les Russes encore, ils n'avaient pas prévu l'alliance anglo-japonaise : au moment où l'Allemagne cherchait à prendre la première place dans le commerce d'Extrême-Orient et parvenait déjà à battre l'Angleterre sur plusieurs grands marchés, celle-ci remportait une éclatante victoire en s'alliant avec l'empire du Soleil-Levant.

Les Français parlaient beaucoup, selon leur habitude, mais l'événement les atteignait moins sensiblement ou du moins ils n'en voyaient pas encore toutes les conséquences. Les Américains observaient et souriaient : certains diplomates m'ont dit que l'Amérique avait été la première dans le secret de l'alliance, et un attaché militaire qui avait dîné à la légation des États-Unis me répétait le lendemain :

« Ce sont ces gens-là qui triomphent le plus bruyamment : ils ont l'air de complices ! »

Plus intéressants et plus amusants à observer étaient les Anglais et les Japonais. Les Japonais d'aujourd'hui n'aiment pas les étrangers et, à vrai dire, pour le peuple, les Anglais sont des barbares comme les autres. J'en connais qui ont été, comme moi d'ailleurs, insultés dans les rues de Tokyo par des étudiants ou des élèves des écoles. Plusieurs fois, dans les tribunaux, on a donné tort à des Anglais avec une partialité révoltante : juste retour d'ailleurs des choses d'ici-bas, car le temps n'est pas bien loin où les tribunaux anglais se montraient peu justes et passablement discourtois à l'égard des étrangers. Il ne faut pas causer longtemps des Japonais avec un Anglais d'Extrême-Orient pour savoir tout ce qu'il en pense. Une partie des jugements sévères que j'ai rassemblés en Extrême-Orient émanent de négociants anglais. Les Anglais, marchands avant tout, ne peuvent admettre la façon dont les Japonais entendent le commerce. Ceux-ci signent en effet des traités sans y attacher d'importance, persuadés qu'à l'échéance on les discutera et on transigera. Une parole d'un négociant chinois vaut mieux que plusieurs signatures japonaises. Heureusement que le marquis Ito, justement ému par le mauvais renom qu'ont acquis les Japonais en matière commerciale, a fait créer à l'Université de Tokyo une chaire de moralité commerciale; les Japonais ont beaucoup à apprendre sur ce sujet.

La haine des Japonais est égalitaire et confond tous les étrangers : je me souviens qu'un jour il y eut un coup de vent épouvantable; je vis rentrer à l'hôtel sans chapeau un des Anglais qui écrivaient dans un journal du Japon. Il était furieux et me raconta son aventure. Le vent avait enlevé son chapeau, et des traîneurs de pousse-pousse qui se trouvaient là se levèrent de leurs voitures et coururent après, mais tout à coup l'un d'eux s'écria :

« Halte-là, c'est le chapeau d'un Européen! »

Tous les traîneurs revinrent s'asseoir et le chapeau tomba dans le canal. C'est là un bien petit fait, mais combien vrai et combien typique !

Pour toutes ces raisons et pour bien d'autres encore, les Anglais du Japon se montrèrent très froids le lendemain de la déclaration d'alliance; ils ne savaient, comme on dit, quelle tête faire et semblaient s'excuser de ce qui venait de se passer. Les Australiens étaient plus énergiques, montraient leur plus grand mécontentement et répétaient très haut que la métropole venait de sacrifier les maisons de Sydney et de Melbourne à leurs pires concurrents.

Les Anglais, entre autres qualités, ont celle de savoir faire contre fortune bon cœur : ils acceptent les faits accomplis et s'efforcent, sans les discuter davantage, d'en faire découler toutes les conséquences avantageuses pour eux-mêmes. Quelques jours après la déclaration de l'alliance, ils s'étaient repris et ils accueillirent ensuite avec enthousiasme le marquis Ito qui revenait de sa mission à travers l'Europe : enthousiasme d'autant plus bruyant qu'il était de commande et qu'il ne venait pas du cœur. Le ministre japonais savait d'ailleurs très bien quel avait été le premier mouvement des Anglais d'Extrême-Orient et ceux-ci connaissaient le bruit qui courait au Japon; l'alliance anglaise avait été l'œuvre de MM. Hayashi et Kato, le marquis Ito n'y était qu'à moitié favorable : il en aurait, disait-on, préféré une autre.

Les Anglais du Japon comprirent vite les avantages qu'ils pouvaient tirer de la situation; ils connaissaient la valeur du soldat nippon, et savaient comment on peut, en flattant leur vanité, se servir des Japonais; ils se faisaient, en un mot, en Extrême-Orient, au moment où leurs troupes étaient immobilisées au Transvaal, l'infanterie qui leur manquait. L'alliance était avant tout un échec à la Russie, dont les commerçants anglais d'Extrême-Orient redoutaient l'extension et l'influence grandissante. Dans un conflit possible entre la Russie et le Japon, le premier rôle devait appartenir à la marine; or, quelle que soit la valeur incontestable des marins russes, n'était-il pas inquiétant pour eux de constater la supériorité indéniable des Japonais? Ceux-ci avaient, en effet, sur leurs côtes des ports de refuge, des points de ravitaillement, des dépôts de provisions et de charbon partout, tandis qu'au contraire, sur la côte russe, il n'y avait que deux ports, Vladivostok et Port-Arthur, très éloignés l'un de l'autre, le premier situé dans une rade merveilleuse et bien défendue mais encombrée par les glaces pendant l'hiver, le second encore inachevé et de profondeur insuffisante[1].

Parmi les Japonais, quelques-uns ne partageaient pas l'enthousiasme populaire : les uns ne pouvaient oublier de vieilles rancunes; les autres n'oubliaient pas que les Anglais ne font rien sans arrière-pensée; et la fable de Bertrand et Raton n'était pas inconnue d'eux.

Mon ami Kouzé, consul général en disponibilité, était très sincère et me répétait :

« La chasse est ouverte, comme on dit chez nous, mais nous ne sommes que les lièvres, c'est l'Angleterre qui est le chasseur. »

Et il me dit un jour :

« Voyez-vous, il y a deux façons de faire une alliance. Ou bien deux pays s'entendent, parfaitement d'accord et désintéressés; et des alliances de ce genre, vous les chercherez presque en vain dans l'histoire. Ou bien deux pays s'allient, et l'un

---

1. Ces réflexions, je le répète, ne sont pas faites après coup, et l'on pourrait voir, dans les articles publiés en 1902 et 1903 par les *Questions diplomatiques et coloniales*, la *Revue hebdomadaire* et le *Tour du Monde*, que j'avais prévu les malheurs de la Russie. (NOTE DE L'AUTEUR.)

recueille tous les avantages tandis que l'autre a la joie d'être particulièrement utile à son allié. C'est ce qui arrive le plus souvent, et l'alliance franco-russe pourrait me servir d'exemple, si je n'en voulais pas d'autre. Dans une telle alliance il vaut mieux être la Russie que la France, c'est plus avantageux à tous les points de vue.

« Et, à votre avis, demandai-je, dans l'alliance anglo-japonaise, à qui sont échus les rôles joués par la France et la Russie ?

— Nous ne jouons malheureusement pas le rôle de la Russie, et je vous avouerai que c'est grand dommage, me répondit le diplomate japonais. »

Mais si quelques Japonais eurent ainsi des doutes sur les avantages de la nouvelle alliance et firent des réserves sur son opportunité, l'opinion publique n'en resta pas moins presque unanime et les journaux de langue japonaise et de langue anglaise débordèrent d'enthousiasme et s'ingénièrent à monter les esprits dans toutes les classes de la population. Le *Nilchi-Nilchi* célébra l'alliance de la première armée et de la première flotte du monde, et les autres journaux firent l'éloge de l'Angleterre pour mieux faire celui du Japon : ils déclarèrent qu'il fallait que le Japon soit devenu bien puissant pour que l'Angleterre ait consenti à sortir enfin de son « splendide isolement », ce qu'elle n'avait jamais voulu faire

pour une nation européenne. Le *Djidji-Schimpo (le
Temps)*, qui est le seul journal japonais disposant d'un
service sérieux de reportage et d'information, chantait la gloire du Japon et déclarait très naturel que
l'Angleterre eût été tentée par une alliance avec un
aussi merveilleux pays. Un autre journal dépeignait
la joie ressentie par l'Angleterre en voyant le Japon
lui tendre amicalement la main; le *Nippon* disait,
non sans raison, qu'on assistait à un fait historique
qui pouvait changer la face du monde; le *Shogyo*
annonçait que les Russes, découragés, n'avaient
plus qu'à évacuer la Mandchourie; et, quant à
l'*Osaki*, il décrivait, dans un long article, la joyeuse
émotion qui devait régner en Chine et surtout en
Corée à la seule nouvelle d'une alliance conclue
dans le but de protéger les peuples d'Extrême-Orient.

A vrai dire, on parlait beaucoup moins de l'Angleterre que du Japon, dont les poètes et les bardes
populaires célébraient le passé glorieux, le présent
admirable et le merveilleux avenir. On chantait des
chansons dans toutes les rues, on répétait partout
des vers patriotiques. Il faut avouer d'ailleurs que
l'enthousiasme avait sa raison d'être et que l'événement méritait qu'on le célébrât. Le nom de la
Russie était prononcé plus souvent que celui de la
nation amie, on sentait que l'alliance avec l'Angleterre était moins populaire que la guerre avec la

Russie; c'était bien contre cette dernière que dans l'esprit du peuple l'alliance avait été faite, c'était bien ainsi qu'on la comprenait et qu'on voulait la comprendre. Le soir, des étudiants et des écoliers

CHANTEUSES DES RUES

le répétèrent dans leurs chants et allèrent le crier devant la légation russe, dont les fenêtres restaient sombres et silencieuses.

Quelques journaux, m'assura-t-on, parlaient déjà de l'époque prochaine où le mikado réunirait au Japon les territoires dits d'influence japonaise, et si on ne prononçait pas le nom des Philippines, pour sauvegarder sans doute la susceptibilité des États-Unis, dont on pourrait avoir besoin on ne gardait pas vis-à-vis de nous la même réserve et on disait déjà que le Tonkin serait de bonne prise et d'ailleurs facile à prendre.

Les ports et les villes de l'intérieur même organisèrent des fêtes auxquelles les Japonais seuls prirent part : très souvent cependant, on y invitait les commerçants et les touristes anglais, quelquefois on invitait tout le monde. Lorsque la ville de Nagasaki célébra la fête anglo-japonaise, elle pria tous les consuls étrangers, même celui de Russie, à venir se réjouir avec eux.

Je parcourus le Japon à cette époque et partout on me parla de la guerre future à propos de cette alliance faite pourtant, on le prétendait du moins, pour maintenir la paix. A Kyoto, cependant, le bruit se calma, je pus visiter à mon aise cette ville exquise, d'un charme unique au monde, et je trouvai là enfin quelques Japonais aimables et séduisants tels qu'ils l'étaient tous, dit-on, jadis. Mais à Kobé et dans le train de Nagasaki, j'entendis de nouveau parler politique, et un de mes compagnons de voyage me demanda si la France n'avait pas peur de la nouvelle alliance.

Loin de moi l'idée de blâmer trop haut toutes ces manifestations populaires ; nous savons par nous-mêmes combien la joie d'un peuple se manifeste de façon enfantine, lorsqu'il trouve l'allié désiré. Ceux qui nous auraient observés, il y a quelques années, auraient aussi sur nous quelques amusantes anecdotes à raconter.

En Corée, les fêtes furent nombreuses. Les Japonais ont construit de véritables petites villes, et très florissantes, à Fousane, à Séoul et à Tchémoulpo. Dans cette dernière ville, qui sert de port à la capitale de Corée et où habite une importante colonie japonaise, on invita, pour célébrer l'alliance, les ministres et les chargés d'affaires étrangers ainsi qu'un ministre coréen. Il est bien difficile de savoir toute la vérité : les Japonais auraient expliqué au ministre coréen que sa présense était indispensable, car c'était en quelque sorte le triomphe de l'indépendance coréenne que l'on fêtait : la Corée craignait de devenir la proie de la Russie, et le Japon et l'Angleterre indignés s'étaient unis pour la défendre et la protéger. Le ministre coréen aurait, dit-on, répondu que la Corée était assez grande pour se défendre toute seule, — ce qui n'est guère prouvé, — et qu'elle ne demandait à personne de se déranger pour la protéger. L'anecdote peut être exacte. Rien d'étonnant à ce que les Japonais aient fait pareille invitation, à ce que le ministre coréen ait répondu par une fin de non-recevoir. Malgré l'anarchie qui règne à la cour de Corée, malgré l'apathie où l'on s'y complaît, on n'y ignore pas pourtant que l'Angleterre a les dents longues et que le Japon est doué d'un superbe appétit. On sait d'ailleurs aussi que des amis qui s'imposent sont presque toujours des amis gênants.

La fête eut lieu sans le ministre : elle n'en fut pas moins pittoresque. On fabriqua un grand mannequin que l'on habilla en amiral japonais; on fit ensuite une petite poupée que l'on habilla en amiral anglais. Le grand amiral japonais tenait à la main un immense drapeau japonais; le petit amiral n'avait qu'un tout petit drapeau; on les promena solennellement dans les rues, mais l'effet produit ne fut pas brillant, les Anglais trouvaient la plaisanterie de mauvais goût : on fit rentrer le petit amiral anglais à la maison, et son grand collègue resta seul à triompher devant les Japonais qui l'acclamaient.

Tout semblait se terminer par des fêtes et par des chansons; chacun craignait pourtant les pires événements. Les journaux anglais du Japon en avaient visiblement peur et leurs rédacteurs obéissaient à un mot d'ordre venu de Londres. L'Angleterre ne voulait pas qu'une guerre s'engageât lorsqu'elle était occupée au Transvaal : l'alliance lui avait semblé opportune, elle craignait que la question d'Extrême-Orient ne fut résolue sans elle et pendant la guerre qu'elle menait contre les Boers; elle pensait qu'ensuite la situation resterait embrouillée. Elle n'avait

pas compris que l'idée, qu'une alliance avec eux
était contractée par une nation européenne, exci-

CORÉENNE DE SÉOUL

terait la vanité des Japonais et les conduirait fatalement un jour aux pires résolutions. Ce fut cependant amusant de lire les journaux japonais qui,
après avoir d éclaré l'Angleterre invincible, cher-

chèrent à escamoter au public, quelques jours **après**, la défaite malheureuse de lord Methuen.

A la vérité, au lendemain de l'alliance tout était à craindre, et les Japonais, gens ardents s'il en **fut**, grisés par les derniers événements, auraient volontiers commencé une guerre que le peuple presque entier désirait. Aujourd'hui, on s'étonne encore de la sagesse du Japon ; jamais l'occasion n'a été plus belle, et les Russes, si peu prêts alors pour la lutte, n'auraient pu défendre leurs positions. Deux ans se sont écoulés et le temps, qui n'a pas augmenté la puissance japonaise, a permis aux Russes de travailler activement, de continuer et d'achever presque les travaux commencés.

C'est l'occasion favorable entre toutes qu'au commencement de 1902 les Japonais ont peut-être laissé échapper.

CHAPITRE VII

SOUVENIRS DE MANDCHOURIE

Les Russes ignoraient la valeur de leurs voisins. — Impression
de l'alliance anglo-japonaise. — Convention russo-chinoise —
La convention jugée par la Russie.

J'ÉTAIS en Mandchourie au moment où fut publiée
la convention russo-chinoise. L'alliance anglo-
japonaise y faisait naturellement l'objet de toutes les
conversations. Déjà, sur le bateau la *Nonni,* j'avais
entendu parler du Japon par quelques matelots
russes : l'un d'eux, Petit-Russien très grand et très
fort, aimait à causer avec moi pendant les vingt
heures que nous restâmes à l'ancre dans un impéné-
trable brouillard, au milieu des îles et des écueils
qui défendent l'entrée de Tchémoulpo. Assis sur un
tas de cordes, il me disait en passant sa grosse main
dans sa barbe épaisse :

« Alors ces petits Japonais voudraient nous faire
la guerre! »

Et, gravement, il gonflait ses joues et soufflait bruyamment comme pour mettre en déroute toute une flotte japonaise.

Il éclata de rire ainsi que tous les assistants qui trouvaient très comique l'idée que le Japon oserait s'attaquer à la Russie.

Le cocher, un ancien forçat, qui me conduisit dès mon arrivée dans les affreuses rues de Port-Arthur, m'interrogea, lui aussi :

« Alors, tu viens du Japon, disait-il; on dit que ces petits bonshommes veulent nous faire la guerre : ils ont les oreilles trop courtes et nous irons les leur allonger ! »

Puis, après un silence, il répéta plusieurs fois avec conviction :

« C'est drôle, tout de même, c'est très drôle! »

Un soldat qu'on me donna pour m'accompagner de Kharbine à la frontière de Sibérie était du même avis et se réjouissait à l'idée d'entrer en guerre.

« Qu'ils viennent donc en Mandchourie, on les rejettera dans leur Japon à coups de bottes dans le derrière, — mon soldat employait d'ailleurs un mot beaucoup plus trivial, — et tous nos frères cosaques feront la noce avec les petites Japonaises. »

Et mon guide semblait savourer d'avance tous les plaisirs qu'il se promettait.

Dans le train de Port-Arthur et de Dalny, où je

me trouvai dans un wagon rempli de voyageurs, parmi lesquels étaient un pope et quelques officiers, la conversation devint bientôt générale; elle roulait sur les ambitions japonaises.

« Ainsi, me disait le pope indigné, vous osez nous conseiller la prudence et vous croyez que nous ne les assommerons pas tous d'un seul coup! »

Je répondis que la tâche serait dure, et mes interlocuteurs me regardèrent étonnés et l'un d'eux, interprétant la pensée commune, se frappa le front plusieurs fois en disant à mi-voix cette phrase, russe et pittoresque entre toutes :

« Tout le monde n'est pas à la maison! »

Je n'étais pourtant pas si fou qu'il leur plaisait de le supposer : les événements l'ont trop bien prouvé depuis.

A la station où se trouve le raccordement de Dalny, le bon pope m'entraîna, pendant l'arrêt du train, au buffet où il se fit servir un verre d'eau-de-vie; tout à coup il s'arrêta devant un grand plat rempli de petits pâtés :

« Tenez, monsieur le Frantsouz, me dit le pope en frappant énergiquement sur sa large poitrine, voici le soldat russe. »

Puis, saisissant une assiette pleine de pâtés, il en avala quatre ou cinq sans s'arrêter et me dit :

« Et ça ce sont les soldats japonais!... »

Le pope continua à manger, tout alla bien d'abord, mais je vis bientôt que les soldats japonais se refusaient à passer et le pope dut les achever en buvant coup sur coup quelques petits verres d'eau-de-vie.

Tous les Sibériens, tous les Russes de Mandchourie partageaient l'opinion du matelot et du pope, de mon soldat et de mon cocher. L'alliance anglo-japonaise n'avait inquiété que quelques offi ciers supérieurs bien au courant des choses d'Extrême-Orient, des généraux, des diplomates. A Saint Pétersbourg, sans être très bien renseigné (les événements actuels le prouvent), on savait pourtant bien des choses, on ne voulait pas compromettre la grande œuvre entreprise qui avait coûté tant de vies et tant d'argent, on craignait une attaque japonaise, on savait que l'on n'était pas prêt. Le gros public ne pouvait ni ne voulait comprendre les craintes du haut commandement, mais j'eus l'impression très vive que l'amiral Alexéiev était alors inquiet de la tournure que prenaient les événements. J'essayai de savoir de lui combien il y avait d'hommes alors en Mandchourie, et je dus supposer que les troupes étaient moins nombreuses qu'on ne le disait et qu'on ne le laissait supposer.

La convention russo-chinoise fut la conséquence nécessaire des événements d'Extrême-Orient. Les journaux qui nous arrivaient d'Europe nous prouvaient que la France avait été émue beaucoup plus que la Sibérie par cette convention très inattendue pour elle. Nous y lisions que la politique russe avait subi un échec en Extrême-Orient et qu'elle avait dû

PORT-ARTHUR
(Photographie de M. Claudius Aulagnon).

signer avec la Chine un traité peu favorable et contraire à ses intérêts et à ses ambitions. Elle ne conservait pas même, en effet, le monopole des voies ferrées; elle n'obtenait pas la concession générale des mines à exploiter, si nombreuses et si riches en Mandchourie et sur lesquelles le Japon, les États-Unis, et surtout l'Angleterre ont jeté toujours un œil d'envie.

En un mot la convention était, pour la Russie, un recul et un insuccès : c'était à qui le répéterait.

Que pouvait pourtant faire alors la Russie, menacée par l'explosion nationaliste qui venait d'éclater au Japon? Elle semble s'être adressée tout d'abord à ses alliés, mais la déclaration de M. Delcassé était, somme toute, un peu bien platonique. Le ministre français déclarait bruyamment que la France marchait d'accord avec la Russie, même en Extrême-Orient : on ne s'en est pas toujours aperçu depuis. Nous prenions d'ailleurs là un engagement qui pouvait nous entraîner très loin, beaucoup plus loin même que nous ne voulions et avoir pour nous les plus graves conséquences. La déclaration franco-russe effraya tous les Français d'Extrême-Orient et excita contre nous les rancunes des Japonais. Il était enfin maladroit de s'engager ainsi quand on n'avait pas l'intention de tenir une promesse tacite : c'était une fanfaronnade, pour le moins inutile.

La Russie cherchait en négociant à gagner du temps; l'arrogance subite des Japonais, leur vanité si connue, la conscience qu'ils avaient de leurs forces, leur mépris de l'étranger, leur haine de la Russie, si bien attisée à Tokyo et à Yokohama par les journaux de langue anglaise, tout en un mot faisait craindre que le peuple, cédant brusquement à sa fougue bien connue et à son tempérament batailleur, ne fît quelque coup d'éclat. La Russie, sentant que son œuvre stratégique, bien que rapide et brillante, était encore incomplète, engagea avec la Chine des pourparlers qui ont abouti à la convention russo-chinoise : celle-ci ne fut ni un recul, ni une défaite, ce fut un simple moyen diplomatique. Il n'y avait là qu'un arrêt habilement simulé dans les ambitions de la Russie : le gouvernement, bien inspiré, avait préféré cette solution à une guerre qui pouvait entraîner peut-être un échec véritable et difficile à réparer et retarder de vingt ans l'œuvre entreprise par le tsar en Extrême-Orient.

Le traité russo-chinois était le suivant :

Article 1. — L'Empereur de Russie, désireux de donner une nouvelle preuve de son amour de la paix et de ses sentiments d'amitié pour l'Empereur de Chine, bien que, sur différents points de la Mandchourie, touchant la frontière, les premières attaques aient été faites contre la population pacifique russe, consent au rétablissement de l'autorité chinoise en Mandchourie, qui demeure portion intégrale de l'Empire chinois et rend à la Chine le droit d'y exercer les pouvoirs administratifs et souverains comme avant l'occupation du pays par les troupes russes.

Art. 2. — En prenant possession des pouvoirs administratifs et souverains en Mandchourie, le

gouvernement chinois confirme à la fois au point de
vue de la durée et sur tous les autres points, et
s'engage à observer strictement les stipulations du
traité conclu le 8 septembre 1896 avec la Banque
russo-chinoise. Le gouvernement chinois s'engage,
en outre, conformément à l'article 5 dudit contrat, à
protéger de toute façon le chemin de fer et son per-
sonnel et à veiller aussi à la protection de tous les
sujets russes vivant en Mandchourie et des entreprises créées par eux. Le gouvernement russe, de son
côté, en raison de cette obligation assumée par la
Chine, consent, tant qu'il n'y aura pas de trouble
quelconque et si la conduite des autres puissances
n'y vient opposer aucun obstacle, à retirer graduel-
lement toutes les troupes russes de la Mandchourie
de la façon suivante.

a. Dans le courant des six mois suivant la signature
de la convention, la partie S.-O. de la province de
Moukden, jusqu'à la rivière Liao, sera évacuée par
les troupes russes et le chemin de fer remis à la
Chine.

b. Dans le courant des six mois suivants, le reste
de la province de Moukden et la province de Guirine
seront également évacuées par les troupes russes.

c. Dans les six autres mois suivants, la Russie reti-
rera le reste de ses troupes de la province de Hah-
loung-kiang.

ART. 3. — Pour prévenir toute répétition des troubles de 1900 auxquels les troupes chinoises, stationnées dans les provinces frontières de Russie, ont pris part, les deux gouvernements s'engagent, aussi longtemps que les troupes russes ne seront pas retirées, à donner comme instruction à leurs autorités militaires respectives de se mettre d'accord, afin de fixer le nombre et de déterminer l'emplacement des stations militaires des troupes chinoises en Mandchourie. La Chine s'engage à ne pas augmenter le nombre de ses troupes au delà de ce qui est fixé et qui doit être suffisant pour exterminer les brigands et pacifier le pays. Après la complète évacuation par les troupes russes, le gouvernement chinois aura le droit de fixer lui-même l'effectif de ses troupes dans ce pays et de les augmenter ou de les diminuer, mais le gouvernement russe devra être immédiatement informé de chaque augmentation ou diminution d'effectif des troupes chinoises, attendu qu'il est évident que le maintien d'un nombre excessif de troupes chinoises en Mandchourie nécessiterait une augmentation des troupes russes dans les districts adjacents, et causerait par suite un accroissement des dépenses militaires pour le grand désavantage des deux pays. Pour le service de la police et le maintien de l'ordre en dehors du territoire cédé à la compagnie du chemin de fer de l'Est chinois, les gouverneurs provinciaux militaires pourront avoir une gendarmerie chinoise, montée et à pied, recrutée exclusivement parmi les sujets chinois.

ART. 4. — La Russie s'engage à restituer la ligne du chemin de fer Chan-haï-Kouan, Niou-tchouang, Sin-mir-ting qui, à la fin de septembre 1900, a été occupée et gardée par les troupes russes sous ces conditions :

1° Le gouvernement chinois assumera la seule responsabilité de protéger lui-même cette ligne de chemin de fer, et ne laissera aucune des autres puissances entreprendre ou participer à la dépense des constructions ou à l'exploitation du chemin de fer, ni ne permettra à aucune puissance étrangère d'occuper le territoire restitué par la Russie.

2° La ligne du chemin de fer ci-dessus indiqué sera complétée et exploitée conformément à la convention anglo-russe du 16 avril 1899 et au traité conclu le 28 septembre 1898 avec une compagnie privée, la Chine devant observer strictement l'obligation prise par la compagnie de ne pas prendre possession de ce chemin de fer et de ne pas s'en dessaisir de quelque façon que ce soit.

3° Au cas où le gouvernement chinois songerait soit à étendre la voie ferrée dans le sud de la Mandchourie ou à y construire des lignes d'embranchements, soit à établir un pont sur le Liao, soit enfin à transférer à un autre endroit la station actuelle du chemin de fer de Chan-haï-Kouan, cela ne devra être fait qu'après accord préalable entre les deux gouvernements.

4° Attendu que les dépenses supportées par la Russie pour la restauration et l'exploitation du chemin de fer de Mandchourie ne sont pas comprises dans l'indemnité que la Chine doit rembourser à la Russie, le remboursement de ces dépenses sera fixé d'accord entre les gouvernements.

Les stipulations des traités antérieurs non modifiées par la présente convention restent en pleine vigueur. La présente convention aura force légale du jour de la signature et les ratifications seront échangées à Saint-Pétersbourg dans le délai de trois mois.

La Convention a été rédigée en russe, chinois et français, le texte français devant faire autorité.

Elle est signée par M. Lessar, le prince Tching et Ouang-Ouen-Tchao.

*
* *

La convention pouvait sembler marquer un recul dans les prétentions de la Russie en Mandchourie, mais on avait tort de l'interpréter dans certains

journaux d'Europe comme une victoire pour la Chine
et surtout pour l'alliance anglo-japonaise. A la
vérité le gouvernement de Saint-Pétersbourg n'avait
cherché qu'à gagner du temps. Il est évident que
chez nous, si, après avoir occupé un pays, un gouvernement avait signé une telle convention, les
journaux auraient crié à la trahison, les interpellations auraient succédé aux interpellations et les
ministres auraient sauté après avoir été traités de
traîtres et de vendus. Ce n'est pas en Russie qu'on
peut avoir de telles manifestations d'opinion : les
Russes pensaient d'ailleurs que leur gouvernement
avait une politique arrêtée et ils en attendaient
patiemment la réalisation : le temps travaillait
pour eux en Extrême-Orient et ce qu'on a le tort
d'appeler leur inertie est parfois une forme d'opiniâtreté qui, plus d'une fois déjà, leur a donné la
victoire. On a dit souvent, par une image très juste,
que l'influence et l'expansion russes font tache
d'huile en Asie; les événements l'ont prouvé déjà
au Turkestan et en Sibérie : c'était de bon augure
pour la politique inaugurée en Mandchourie.

D'ailleurs, si on étudie le texte de la convention,
on constate d'abord un fait : les Russes ne quittaient
pas les provinces occupées, ils s'engageaient seulement à en retirer leurs troupes, dans un temps donné
et par fractions. Il n'y avait que promesse d'évacua-

tion, et, en matière politique, on sait si les promesses
sont toujours tenues; on a même souvent, sinon
raison, du moins des raisons de ne pas les tenir et,
quand on en manque, il est toujours facile de les
faire apparaître en les provoquant.

L'évacuation devait donc se faire lentement, et la
Russie espérait sans doute avoir le temps d'achever
ses préparatifs, de parfaire son chemin de fer, de
fortifier Port-Arthur, en un mot de se rendre assez
forte pour manquer à sa parole à l'heure fixée, si les
circonstances le permettaient.

La Chine, d'autre part, promettait qu'aucune autre
puissance étrangère ne pourrait s'établir en Mandchourie et qu'elle demanderait dans l'avenir des
conseils à la Russie. Comme, en outre, il était
déclaré que si la Chine violait de quelque façon
que ce soit la convention passée entre les deux
puissances, la Russie ne serait plus tenue par ses
promesses et par les prescriptions insérées dans le
texte de la convention, on pouvait en conclure que
dans ce dernier contrat, la Chine lui reconnaissait,
le cas échéant, des droits non définis, mais aussi
non limités. La Chine enfin ne pouvait envoyer en
Mandchourie autant de troupes qu'il lui plairait.

Mais il y avait plus encore : la Russie n'évacuerait
la Mandchourie que s'il ne se produisait aucune
complication et si la manière d'agir des autres

puissances ne l'empêchait pas de tenir ses engagements. C'était là une clause très élastique et dont on pouvait tirer parti : il était toujours facile à la Russie de faire naître la difficulté dont elle-même avait besoin. Et d'ailleurs, les Khòunkhouzes étaient toujours là pour lui fournir de bonnes raisons : pouvait-elle en effet abandonner la voie ferrée à ces audacieux brigands qui ne demandaient qu'à la détruire?

Ce qui était curieux à observer en Mandchourie au moment de la signature de la convention, c'est qu'on la déclarait avant tout faite pour préparer la paix, mais, comme au Japon à l'époque de l'alliance anglo-japonaise conclue dans le même but au dire des Anglais, c'était uniquement de guerre qu'on parlait. D'ailleurs, aussitôt que l'évacuation de la Mandchourie fut décidée, de nombreux trains, pleins de soldats et de munitions, se dirigèrent vers les provinces qu'on avait promis d'abandonner. Les prétextes à invoquer pour expliquer une telle activité ne devaient pas manquer, la Russie pouvait alléguer nombre de bonnes raisons; elle se serait même facilement décidée à en soulever de mauvaises : l'attitude belliqueuse du Japon, ses tentatives d'expansion en Corée, les agissements suspects de l'Angleterre et même des États-Unis toujours prêts à se mêler de ce qui les regarde et même de ce qui ne les regarde pas, étaient d'excellents prétextes à ajouter à celui que nous venons de citer : les malversations des Khounkhouzes. Une dernière clause à retenir était la suivante. La Chine s'engageait à rembourser les frais supportés par la Russie dans la construction et l'exploitation du chemin de fer, et l'on sait si la Chine peut payer jamais ses dettes.

L'émotion que provoqua la convention se fit sentir surtout en Europe. Les Japonais et les Chinois de Mandchourie ne la prenaient pas trop au sérieux ; les premiers se montraient sceptiques, mais bien que très incrédules ils s'efforçaient à avoir l'air d'y croire ; les seconds souriaient et ne discutaient guère, on aurait pu penser que les choses de leur pays ne les inquiétaient pas ; en un mot ils se désintéressaient trop des affaires de la Chine, tandis qu'au contraire les Japonais semblaient y prendre un trop grand intérêt.

J'ai assisté un jour chez un Chinois à une conversation avec un Japonais ; celui-ci cherchait à nous prouver qu'en Extrême-Orient l'avenir amènerait fatalement l'union de tous les peuples de race jaune si ceux-ci savaient s'entendre entre eux. Le Chinois semblait ne pas écouter, puis, tout à coup, interrompant le Japonais, il dit :

« Et comme il faut toujours un chef dans une

union, c'est vous, les Japonais, qui semblez désignés pour cette tâche si difficile et si délicate? »

Le Japonais sourit modestement : c'était bien là en effet son opinion :

« Croyez-vous, demanda le Chinois, que l'opinion des Européens puisse être d'accord avec la vôtre?

— C'est la chose secondaire : il s'agit non d'Europe mais d'Asie.

— Oui; je ne vous parle pas d'ailleurs de nous autres, les Chinois, ajouta négligemment l'habitant du Céleste Empire, cela n'a aucune importance : il est même nécessaire que nous n'ayons pas d'opinion bien arrêtée : nous ne suivrons que mieux la vôtre dans tous ses caprices et toutes ses variations. »

Il y eut alors un silence : le Japonais comprit que notre hôte se moquait de lui, et devant un Européen. Il sortit quelques minutes après et le Chinois me dit en riant :

« J'aime à remporter des victoires d'esprit sur les Japonais, c'est pour moi la revanche de toutes nos défaites. »

Les Sibériens avec qui je causais de la convention russo-chinoise ne perdirent pas de temps à la discuter. Ils croyaient et ils croient encore avoir pour eux en Mandchourie le bon droit et... la force. Robustes et courageux, ils regardaient avec mépris les Japonais et, comme le pope, le soldat et le cocher dont j'ai parlé, ils se demandaient comment l'armée russe ferait pour ne pas briser d'un seul coup une armée composée de si petits hommes, mais ils étaient d'accord pour dire que les Japonais avaient besoin d'une leçon.

« Seulement, à quoi bon une guerre? me disait un capitaine : on ne tue pas les enfants, on se contente de leur donner le fouet. »

Et je m'apercevais qu'en Sibérie comme en Mandchourie, les Russes appréciaient mal leurs voisins dont ils ignoraient la valeur. Je n'osai plus bientôt exprimer mes opinions et mes craintes, car tantôt je passais pour un fou, tantôt j'attristais, sans les convaincre, des gens dont j'étais l'hôte très gâté.

S'ils ont été peu émus par la convention, les Russes du continent asiatique en ont pourtant été surpris : l'événement leur semblait inattendu. Cependant ouvrier ou paysan, fonctionnaire ou commerçant, soldat ou voyageur, tous, en Russie d'Europe comme en Russie d'Asie, émettaient une même opinion aussi nette que précise.

« Notre armée est en Mandchourie et elle y restera ! »

On se vantait même alors de n'avoir rien à cacher dans les provinces qu'on occupait, et après avoir refusé souvent à des étrangers de passer par la Mandchourie, on affectait d'en donner la permission

à tout le monde. Des espions anglais y purent, dit-
on, séjourner; je ne parle pas des espions japonais
qui, depuis quelques années, parvenaient à passer
partout. L'Angleterre témoignait tout l'intérêt qu'elle
prenait à la question de Mandchourie et des officiers
anglais traversaient le pays comme par hasard.
Les Russes les accueillaient aimablement, ou les
escortaient si bien qu'ils ne pouvaient plus rien
voir, on les traitait largement, on les grisait roya-
lement. Si le proverbe est vrai, si la vérité se trouve
au fond des verres, les Anglais ont dû la contempler
souvent, trop souvent même, car ils vidaient leurs
verres plus fréquemment qu'ils ne le voulaient.

« Je n'emporte qu'une seule impression de ce
pays, me disait un colonel anglais; je suis convaincu
de l'excellence du champagne français. »

Franchement, ce n'était pas la peine d'aller jusqu'en Mandchourie pour n'en remporter que cette
impression-là : le colonel, assez mélancoliquement
d'ailleurs, en convenait avec moi.

Le colonel me disait que, sans doute, la question
de Mandchourie se résoudrait doucement, il ne
souhaitait pas une guerre entre le Japon et la
Russie, et il prétendait que son opinion était partagée par les gens raisonnables en Angleterre : une
telle guerre, disait-il non sans raison, amènerait
des difficultés nouvelles et les conséquences pour-

raient en être pénibles pour tous les pays qui ont des intérêts en Extrême-Orient et peut-être même pour l'Asie tout entière. L'Angleterre, en effet, jouait un rôle difficile, celui de mettre un frein aux ambitions de son alliée, son espoir, à elle, était de voir les choses rester compliquées : simplifiée par une victoire de la Russie ou du Japon, la question d'Extrême-Orient n'en devenait que plus grave et plus redoutable.

Les journaux japonais, entraînant après eux l'opinion publique, qui, elle, était sincère, prirent au pied de la lettre les engagements de la convention russo-chinoise : on voulut croire, on crut qu'ils seraient tenus. Les Japonais auraient pu cependant apprendre de leurs amis les Anglais qui sont toujours en Égypte ce qu'en matière diplomatique vaut une promesse d'évacuation.

CHAPITRE VIII

A TRAVERS LA MANDCHOURIE

Port-Arthur. — Dalny. — Une visite à Moukden et à Kharbine. — Tsitsikar et Khaïlar.

PORT-ARTHUR s'appelait jadis Lou-choun-kaou : son nom actuel lui fut donné par les Anglais. En 1858, en effet, un navire anglais pénétra dans la baie de Lou-choun-kaou, où pour la première fois se montrait un pavillon étranger. Le capitaine Arthur qui commandait le navire y jeta l'ancre devant la ville et, en souvenir de cet événement, la ville reçut le nom de Port-Arthur : les Russes voudraient aujourd'hui changer ce nom en celui de Port-Nicolas. On se souvient encore de la campagne japonaise autour de Port-Arthur pendant la guerre contre la Chine et on comprend sans peine que les Japonais aient vu avec dépit les Russes s'établir dans une ville dont ils pensaient être les maîtres pour toujours.

A vrai dire, je connais peu de villes qui m'aient donné autant de désillusions que Port-Arthur. Lorsque j'y débarquai, venant de Tchémoulpo et de Nagasaki, je me figurais trouver un port d'aspect formidable : en un mot la forteresse expugnable telle que la dépeignaient les journaux russes pour flatter la vanité de leurs compatriotes, et les journaux anglais pour exaspérer les rancunes des Japonais. La rade ne me semblait pas très vaste : elle n'a pas en effet l'aspect imposant de celle de Vladivostok : il est vrai qu'elle est défendue par des montagnes faciles à fortifier. Le port me sembla petit, il n'y avait pas beaucoup de bateaux et ceux qui s'y trouvaient semblaient l'encombrer. Le capitaine du *Nonni*, l'excellent bateau qui m'avait amené, me disait que les travaux d'approfondissement restaient à faire, qu'on devait agrandir le port, et qu'un bassin de radoub n'existait pas encore. Chose impardonnable, ce bassin manque toujours aujourd'hui et les amiraux de Port-Arthur ne peuvent réparer facilement les graves avaries des bateaux.

Port-Arthur était horriblement sale; c'est une ville malsaine qu'un Anglais appelait un jour plaisamment devant moi « Microbe-City ». Les Chinois s'y pressent dans des conditions d'hygiène déplorables et les Européens trop souvent sont obligés d'y vivre comme les Chinois. C'est d'ailleurs une ville

chinoise et une très vilaine ville, où les rues, très
étroites presque toutes, sont, selon le temps, des
mers de boue ou des abîmes de poussière.

L'amiral Alexéiev me reçut plusieurs fois : il commandait déjà les forces d'Extrême-Orient, mais il
n'avait pas été encore nommé lieutenant-général, on
annonçait même son prochain départ pour Pétersbourg, départ qui eut lieu en effet; on prétendait
aussi qu'il n'en reviendrait pas et qu'on lui réser-
vait la place de ministre des Affaires étrangères
occupée déjà par le comte Lamsdorf.

On est très injuste dans la presse pour l'amiral
Alexéiev : à mon avis, il est un de ceux qui ont le
mieux compris les affaires d'Extrême-Orient : on le
représentait comme le chef du parti de la guerre,
car il demandait toujours des soldats, prévoyant les
événements qui se préparaient, et ceux-là même qui
conseillaient de les lui refuser l'attaquent sans ver-
gogne aujourd'hui. Combien y avait-il de soldats en
Mandchourie au moment où j'y suis passé, je n'ai
jamais pu le savoir même approximativement. Les
Cosaques souvent, quand on les interroge, portent
la main à leur casquette et répondent : « Je ne peux
pas savoir ». Lorsque je demandais à l'amiral Alexéiev
combien il avait d'hommes en Mandchourie, il me
répondit en riant :

« Vous m'avez dit que j'avais l'air d'un Parisien,

je veux vous montrer que je puis être cosaque à l'occasion. »

Et, portant la main à sa casquette, il me dit gravement en russe :

« Je ne peux pas savoir ».

On m'affirma aussi dans l'entourage de l'amiral que Port-Arthur était admirablement fortifié, et comme je suis loin d'être spécialiste, je crus les gens sur parole et je partis pour Dalny.

La création de la ville et du port de Dalny restera un des faits les plus importants dans l'histoire de l'expansion russe en Extrême-Orient. Dalny « la Louitaine » est célèbre dans toute la Russie et les Russes aiment à se vanter d'avoir créé en quelques années, avec énormément d'argent il est vrai, un port aussi vaste que celui d'Odessa, une ville qui aura les dimensions des plus grandes cités européennes. En Extrême-Orient les marchands sibériens n'ont pas partagé cet enthousiasme; ils n'ont pas souhaité bienvenue à la ville nouvelle : établis à Vladivostok ou dans les autres villes du bassin de l'Amour, ils l'ont considérée comme une rivale et ont reproché amèrement à M. Vitte, l'ex-ministre des finances, d'avoir sacrifié à Dalny toutes les villes de Sibérie Orientale et d'Extrême-Sibérie. Dalny reçut tous les avantages du port franc, avantages qu'au même moment on enlevait à Vladivostok. Jusqu'au

10 juin 1900, les deux grands ports francs de la Russie d'Asie avaient été Vladivostok et Nikolaïevsk.

La solution de la question douanière, sur laquelle nous reviendrons dans un des chapitres suivants,

acheva d'envenimer les rancunes entre les commerçants de l'Extrême-Orient russe.

La nuit tombait lorsque j'entrai à Dalny. Je m'entendis appeler par mon nom : le maître de police m'attendait devant le train ; prévenu par l'amiral, il m'avait préparé une chambre dans sa maison.

Les travaux des rues n'étaient pas terminés et

nous dûmes traverser de profondes fondrières pour arriver à la ville. Les rues, éclairées à l'électricité, devinrent enfin meilleures, nous passions devant de grandes maisons.

« Les maisons des fonctionnaires , me dit le maître de police, nous sommes dans le quartier des administrateurs. »

On fit bien les choses à Dalny pour les fonctionnaires, si mal logés d'ordinaire : dans la maison du maître de police, il y avait le nécessaire et le superflu : deux choses trop souvent rares en Mandchourie.

Je visitai la ville le lendemain, dont plusieurs quartiers n'étaient encore que des places désertes. On s'occupait de niveler les rues et ce travail colossal était fait par une armée de Chinois. C'était curieux de voir avec quelle ardeur ceux-ci travaillaient, ils consolidaient eux-mêmes en quelque sorte l'occupation étrangère et hâtaient l'heure de la domination russe.

L'emplacement de la ville avait été admirablement choisi au bord du large golfe de Talien-van : les montagnes protégeaient le port contre les vents et rendaient très pittoresque l'aspect de la ville. Le quartier des fonctionnaires m'apparaissait en plein jour : seul ce quartier était à peu près terminé; il comprenait les maisons des administrations chargées

de la construction du port et de la ville, les bureaux
de la navigation et du chemin de fer de l'Est-Chinois,
les maisons des employés de la voie ferrée et de la
navigation maritime, une église avec une école
paroissiale, un hôpital, un hôtel, un club; les rues
étaient macadamisées, en partie du moins; des jar-
dinets avaient été créés, tant bien que mal, autour
des maisons; on avait organisé une canalisation
assez ingénieuse, l'éclairage électrique était établi,
et le téléphone fonctionnait partout. Les maisons
étaient construites à l'américaine, la plupart à deux
étages : les styles les plus divers rendaient l'ensemble
un peu trop disparate, mais non désagréable à voir
pourtant.

« Nous sommes ici les pionniers de la civilisation, » me répétaient les fonctionnaires.

A vrai dire, beaucoup de ces pionniers vivaient
paresseusement, assez grassement payés. Ils avaient
surtout un goût immodéré pour l'eau-de-vie et le
champagne : je n'ai jamais vu boire autant qu'à
Dalny et pourtant j'ai vu en Russie et en Sibérie
bien des repas pittoresques et extraordinaires. A
Dalny, on trouvait une excuse très curieuse à
l'ivrognerie, le vin y était peu cher, les droits de
douane n'existant pas : on était donc forcé de boire.
Un des pionniers m'invita un soir, et quand j'arrivai
chez lui je le trouvai très gris, ainsi que plusieurs

de ses collègues : ils avaient tous oublié l'invitation qu'ils m'avaient faite : leur accueil n'en fut pas moins bon et j'assistai à une soirée bien singulière. Lorsqu'un invité s'endormait, le maître du logis se levait et tirait un coup de revolver dans le mur en plaçant le revolver à deux doigts de l'oreille du dormeur : c'était tout à fait charmant. On s'amusait aussi à griser des gamins chinois en leur faisant avaler un horrible mélange de bière, de bénédictine et de madère. On avait préalablement essayé l'effet de ce mélange sur un superbe épagneul qui était tombé ivre-mort. Je quittai la salle absolument écœuré.

Pas toujours à donner en exemple, les habitudes des pionniers de la civilisation, et bien singulières parfois leurs mœurs et leurs coutumes!

Le train qui allait de Port-Arthur à Moukden était très primitif et peu confortable : on avait transformé en wagons de voyageurs d'antiques wagons de marchandises; il n'y avait pas de premières classes, les secondes et les troisièmes étaient absolument semblables. J'aurais pu obtenir un wagon spécial avec un domestique, tel qu'on en donne aux fonctionnaires de la ligne, mais je préférais voyager, jusqu'à Kharbine du moins, comme tout le monde, et ce fut là d'ailleurs un plaisir dont je fus vite saturé.

Je me trouvais donc, de Dalny à Moukden, dans le wagon commun, formé de deux vastes compartiments pouvant contenir chacun une vingtaine de personnes. Nous étions entassés les uns sur les autres ; les banquettes étaient sales et le parquet semblait n'avoir pas été balayé depuis plusieurs semaines, depuis plusieurs mois peut-être. On connaît la familiarité qui règne toujours entre les voyageurs russes : au bout de quelques minutes je connaissais tous mes compagnons ; les hommes m'avaient conté leur histoire, les femmes m'avaient dit les noms de leurs maris et de leurs enfants. En ma qualité d'étranger, j'étais accueilli au mieux par tout le monde ; une voisine m'offrait du thé sur sa banquette encombrée de coussins et de paquets, parmi lesquels dormaient des petits chiens ; un autre voyageur m'appelait dans le coin qu'il occupait seul avec quelques serins chantant dans leur cage, cadeau rare et très apprécié, qu'il avait pu trouver à Port-Arthur pour sa femme. Malgré le peu de confort nous passions le temps joyeusement relativement. Notre train marchait à la vitesse de 15 à 18 kilomètres à l'heure ; après deux heures de marche on s'arrêtait pendant trois heures à la station presque toujours inachevée et dont le plan souvent seul existait. On nous répétait, pour nous faire prendre patience, que la voie était peu solide, que nos mécaniciens étaient toujours ivres et que nous devions nous attendre à tout instant à un accident.

Parmi les voyageurs un seul restait à l'écart, un Chinois, vêtu de soie, qui lisait constamment : il semblait ne rien entendre et pourtant toujours écouter. Son crâne et son front avaient les reflets de l'ivoire, ses yeux vifs riaient parfois derrière ses grosses lunettes comme pour se moquer intérieurement de ce que nous disions. Tandis que nous ne pouvions nous débarrasser de la saleté qui nous couvrait, il était toujours propre dans son vêtement très soigné. Quelques voyageurs, persuadés qu'il comprenait le russe, entreprirent de le scandaliser en discutant sur l'avenir de la Chine, sur la poltronnerie et l'imbécillité des Chinois : ce fut bientôt un jeu pour tous les voyageurs. La Russie prendrait la Mongolie, puis le Thibet, enfin toute la Chine méridionale : quand elle aurait la Chine, elle en renverrait les Chinois.

« Que ferions-nous de ces animaux-là ? » s'écriait un des voyageurs.

Mes compagnons dirent ensuite des choses si offensantes que je ne pus m'empêcher d'avouer la bonne opinion que personnellement je garde des Chinois. Le Chinois cependant, roulé dans une couverture de soie couleur cerise, dormait.

Le lendemain, à Moukden, une foule de coolis et

de Chinois, également sales et couverts de vermine,
se précipitaient vers les wagons pour débarrasser
les voyageurs de leurs paquets et pour leur voler
tout ce qu'ils pourraient. Quelques soldats russes,
un peu gris, s'inquiétaient peu de ramener l'ordre et
gravement, à pas lents, deux agents de police chinois se promenaient.

« Comment, Monsieur, vous nous quittez déjà? »
me dit quelqu'un en excellent français.

Je me retournai et je vis le Chinois du wagon qui,
très aimable, s'avançait vers moi, très amusé par
mon étonnement.

« Je gage que vous parlez aussi bien russe que
français? lui dis-je.

— Gagez et vous gagnerez!

— Et comment pouvez-vous entendre sans sour-
ciller tout ce qu'on a dit hier soir?

— Que voulez-vous, me répondit le Chinois en
repoussant des doigts ses besicles qui lui tombaient
sur le nez : vos compagnons parlent sans penser,
moi je pense sans parler; ils ne me comprendront
jamais et je les comprends toujours! »

Quelques voyageurs du wagon s'étaient approchés.

« Oh! le Chinois qui parle français...

— Et russe aussi, si vous voulez, répondit aussitôt
notre compagnon dans la langue de Pouchkine :
je disais à ce Français combien je vous ai trouvés

délicieux hier soir! Vous êtes venus chez nous et nous en avons été bien flattés, quand on vous connaît un peu, on voudrait toujours vous connaître davantage! »

Ce fut dit sur un ton très cassant, puis le Chinois salua un peu sèchement, me prit le bras et s'éloigna avec moi en me disant :

« Je crois bien qu'il faudra maintenant que je change de wagon. »

Je le quittai alors et je me rendis chez l'officier qui était chargé de commander des soldats, casernés auprès de la gare. Il habitait une maison peu confortable où les rats couraient en liberté. Des ordres avaient été donnés déjà, car une voiture m'attendait. Trois soldats, le bonnet de fourrure sur la tête et le fusil en bandoulière, devaient m'escorter, bien qu'une attaque de brigands fût bien peu probable sur la route de Moukden.

« Vous allez apprécier l'excellence des routes chinoises, me dit le commandant, je vous souhaite bien du plaisir! »

Je vis combien peuvent devenir ironiques les commandants russes envoyés en Mandchourie. On parle beaucoup des brigands qui vagabondent auprès des routes chinoises; j'affirme que sur celle de Moukden on n'a pas le loisir de penser à eux, on est préoccupé par une seule pensée :

« Est-ce à droite, est-ce à gauche, que la voiture va verser? »

Vingt-deux kilomètres séparent la ville de la gare, et la route n'est jamais bonne; on y reste embourbé les jours de pluie, on voyage dans un nuage de poussière lorsqu'il fait beau temps. La route est pleine de trous et d'ornières, parfois l'avant-train s'en va tout seul et le voyageur reste dans l'arrière-train au milieu d'une flaque d'eau : les chevaux tombent et parfois le cocher. Le mien me montrait toujours une tour lointaine, qu'il disait élevée en l'honneur d'un dieu; il fallait la dépasser pour apercevoir la ville, mais elle semblait toujours aussi éloignée de nous, et je maudissais les divinités chinoises qui semblaient défendre si bien l'entrée de la sainte ville de Moukden.

De lourds chariots cependant nous croisaient, conduits par des Chinois et bizarrement attelés de trois animaux différents, bœuf, cheval et mulet.

Cependant nous atteignîmes une porte, sorte d'arc de triomphe en bois; la ville était devant nous, et sur la droite s'élevait une lamaserie bouddhique que je visitai. Un lama coiffé d'une sorte de mitre et vêtu de jaune me fit admirer les dieux du monastère : le grand Bouddha au visage plein de sérénité, Maïtreya, le Bouddha futur, Ariabolo aux onze têtes et aux cent bras, Ototchi le dieu de la médecine,

la gracieuse Dara la Blanche, et, à côté d'eux, les
divinités à l'esprit terrible qui défendent les hommes
contre les mauvais esprits. Le prêtre s'étonnait en
m'entendant appeler les dieux par leur nom. Je
lui avais dit que j'étais Français et il m'avoua que
le bruit avait couru en Chine que les Français intelligents se convertissaient peu à peu au bouddhisme.
Parcille observation m'avait été faite déjà en Mongolie.

Les énormes portes qui défendent Moukden ressemblent à des citadelles, les rues sont larges,
bordées de boutiques bien achalandées, une foule
grouillante les remplit, des enseignes flottent nombreuses au vent au-dessus des têtes des passants, de
lourdes voitures roulent traînées par des bœufs, des
ânes et des mulets, des fonctionnaires passent en
chaises à porteurs, quelques femmes trottinent,
et, bousculant tout le monde, les soldats russes
chevauchent comme en pays conquis.

J'habitai une maison chinoise, transformée en
club militaire : dès que la nuit arrivait, le club
n'était plus aux Russes, il devenait le royaume des
rats qui par bandes couraient dans les chambres.

Le soldat russe, qui est bon enfant, vit en assez
bons termes avec le Chinois. D'ailleurs la Russie
n'est pas seulement représentée à Moukden par son
armée, elle a aussi son agent diplomatique : il y a

ainsi deux pouvoirs rivaux et ennemis qui vivent moins bien ensemble qu'avec les Chinois qui les entourent. J'ai été admirablement reçu par les officiers; quant au consul, M. Kolokolov, il m'a prouvé qu'en Russie on pouvait être inhospitalier : il reçoit les étrangers aussi mal qu'un Japonais : il n'a rien d'un Européen : c'est un extrême-oriental s'il en fût.

On peut voir à Moukden ce qu'on voit dans toutes les villes chinoises : mœurs et coutumes bizarres, marchandages devant les pittoresques boutiques, fumeries d'opium, prisons terribles. Ces dernières à Moukden ressemblent à des poulaillers où sont entassés dans la boue, la saleté et la vermine, des malfaiteurs à qui une niche immonde, pratiquée dans le mur, sert d'abri pendant la nuit. Ils ont la figure ravagée par les maladies de peau. Des curieux, des amis parfois viennent les voir et leur passent à travers les barreaux des aliments sur lesquels les misérables se jettent avec gloutonnerie et qu'ils se partagent en se battant comme des ani maux féroces affamés.

Il existe à Moukden deux monuments spécialement intéressants : l'admirable tombeau impérial et le palais rempli de collections.

Le tombeau est situé à quelques kilomètres de la ville. Devant l'entrée est une porte monumentale en pierre dont les sculptures innombrables et savantes

sont d'un travail merveilleux et d'un art exquis.
Après cette porte on arrive à l'entrée d'un jardin.
Les soldats gardiens du monument se précipitent
vers les visiteurs et mendient. Le jardin, vaste et
rectangulaire, est planté de beaux arbres; le long
de l'allée principale sont d'énormes bêtes en pierre,
des lions, des chevaux, des chameaux, des dragons,
des animaux monstrueux et légendaires, et le soleil
du midi qui faisait étinceler les toits bizarres, verts,
rouges et jaunes, des temples chinois, enveloppait,
lors de ma visite, dans un rayon lumineux, les
bêtes de pierre abritées par des cèdres gigantesques.
C'était, dans un décor de féerie, un palais et un
jardin merveilleux pareils à ceux que l'on trouve
dans les vieilles légendes ou dans certains contes
fantastiques.

Par les photographies reproduites ici, on peut se
faire une idée de l'art merveilleux qui a guidé les
auteurs de ces monuments : l'escalier qui accède
au petit temple auquel conduit l'allée centrale, est
un modèle de délicatesse infinie. Derrière le temple
s'élève la montagne, au flanc de laquelle, sous une
plaque de marbre blanc, l'empereur repose. Tous les
visiteurs de Moukden viennent profaner par leur
présence la sainteté de ces lieux : un Chinois me l'a
dit, très philosophiquement d'ailleurs.

L'impression qu'on garde du tombeau est gran-

diose ; celle que produit le palais, moins curieux par
son architecture que par les richesses qu'il renferme,
est pénible et attristante. Depuis l'insurrection des
Boxers, on n'avait pas nettoyé les salles. Je crus

PORTE MONUMENTALE DU TOMBEAU DES EMPEREURS

marcher sur un tapis moelleux et je m'aperçus bien
vite de mon erreur : une couche de poussière épaisse
de plus de deux doigts couvrait le sol. Beaucoup
d'objets de prix avaient été volés ou perdus, d'autres
accidentellement brisés, volontairement parfois : les
plus belles choses étaient toutes jetées les unes sur
les autres, et les vers mangeaient des robes merveilleuses dont les broderies d'or et d'argent dataient

de quatre ou cinq cents ans. Les fonctionnaires
chinois qui m'accompagnaient, contemplaient ces
ruines d'un regard mélancolique : l'un d'eux pourtant, qui parlait russe, assez mal d'ailleurs, et qui
ne m'avait pas encore adressé la parole, me voyant
arrêté devant un brûle-parfum qui avait été déformé
à coups de pieds sans doute et qui était supporté
par une table ancienne aux sculptures brisées,
s'avança et, devinant ma pensée, il me dit :

« Voilà ce que c'est que la guerre ! »

Puis il ajouta :

« Je n'aime pas les voleurs, mais je préfère encore
ceux qui ont emporté nos objets précieux à ceux qui
les ont méchamment détruits ! »

Et, gravement, il me fit une révérence à la chinoise
et regagna la place qu'il avait quittée.

Le gouverneur général de la province était un
Chinois assez intéressant : il résidait à Moukden,
c'était le vice-roi de Mandchourie, comme l'appelaient
les soldats russes. Il m'écouta en souriant quand je
lui dis la triste impression que j'avais rapportée du
palais dont quelques pavillons, aujourd'hui presque
détruits, renfermant des ruines artistiques nombreuses et déplorables. Au lieu de me répondre, il
m'offrit du champagne de Changhaï, fabriqué avec
toute autre chose que du raisin, du cassis venu de
Bordeaux, des sardines de Nantes et des gâteaux

TOMBEAU DES EMPEREURS : ALLÉE CENTRALE

TOMBEAU DES EMPEREURS : ESCALIERS

russes et chinois. Notre conversation peu intéressante fut traduite par un interprète russe. Le gouverneur éludait mes questions : il y répondait par
des paroles aimables et banales; puis il me remit sa
carte de visite; c'était un papier rouge long de vingt-
cinq centimètres au moins. Il me conduisit ensuite
jusqu'au perron où je le remerciai de son accueil et
où je lui serrai la main.

L'interprète me dit alors tout bas :

« Sa Haute Excellence veut bien vous accompagner jusqu'au second perron! »

Les salutations et les révérences recommencèrent
et nous nous dîmes encore une fois adieu. Je me
remis en marche.

« Sa Haute Excellence vous fait l'honneur, me dit
l'interprète, de vous accompagner jusqu'à la porte
de la rue! »

C'est là un suprême honneur : les soldats en rang
me présentèrent les armes, ils ressemblaient à nos
ramoneurs de l'hiver : la foule s'était assemblée
devant la présidence et elle nous contemplait,
tandis que nous nous saluions une dernière fois, le
gouverneur et moi. Je pensais à part moi que les
gouverneurs des temps passés auraient été bien surpris de voir leur successeur accompagner avec tant
de politesse un étranger dans la ville sainte de
Moukden. Je me dirigeai vers le club, je n'aper-

cevais pas un seul Européen; les Chinois passaient et me coudoyaient avec curiosité; tout à coup j'entendis des cris qui s'élevaient dans le lointain, c'étaient des soldats russes qui, réunis dans leur casernement jadis rempli de divinités chinoises, chantaient en chœur leurs prières du soir !

*
* *

Le lendemain je repris ma route vers Kharbine, et le spectacle observé quelques jours auparavant recommença : nous traversions de grandes plaines immenses et plates. Les Chinois de la province sont tantôt marchands, tantôt agriculteurs : ces derniers cultivent le mûrier, le millet et les céréales; ils ont aussi de vastes champs de haricots dont les cosses sont envoyées au Japon où elles sont transformées en engrais. Autour des fermes de Mandchourie, il y a toujours des petits jardins où les Chinois cultivent des légumes et des fruits, radis, oignons, choux, concombres, melons, pastèques, et potirons. Ils s'adonnent aussi à la culture des fleurs, car ils aiment à parer de plantes, des roses surtout, la cour intérieure et le seuil de leurs maisons.

Toute la Mandchourie du sud est un pays très fertile. On peut d'ailleurs diviser la Mandchourie en deux parties : au sud, nous trouvons la région de l'agriculture, au nord celle de l'élevage. Pour se faire une idée exacte de l'importance agricole de la Mandchourie, il ne faut pas se contenter de s'arrêter dans les principales stations de la ligne, il faut pénétrer dans l'intérieur du pays et visiter les villages autour desquels la terre est exploitée. Pays remarquable au point de vue de l'agriculture et de l'élevage, il ne faut pas oublier non plus que la Mandchourie renferme aussi des mines très riches dont les Anglais, les Américains et les Japonais auraient bien voulu avoir la concession.

Nous nous arrêtâmes le lendemain assez longtemps dans une misérable station. Lorsque nous demandâmes au chef de gare la raison de notre long arrêt, il répondit qu'on cherchait un mécanicien ; les chauffeurs et les mécaniciens sont très souvent ivres, ainsi que je l'ai déjà dit, mais celui qui devait nous conduire avait si bien fait les choses qu'on n'osait pas lui confier la locomotive : il dormait couché sous un wagon sur une voie de garage. Quelques instants se passèrent et, comme on ne trouvait personne, on réveilla le pochard, on le porta sur la machine, on ordonna à un soldat cosaque de monter à côté de lui pour l'empêcher de dormir ou de tomber : et nous partîmes !

Notre train était bondé de voyageurs et pour dormir on m'avait donné un banc tel qu'on en voit dans les comédies. S'il y a une personne à chaque bout du banc, il suffit que l'une se lève pour que l'autre perde l'équilibre et roule avec le banc. Les voyageurs appartenaient à toutes les classes de la société, les femmes pour la plupart étaient des filles vivant avec des fonctionnaires de Kharbine et de Khaïlar ; la promiscuité était désagréable et la saleté atroce.

A Kharbine nous trouvâmes enfin une grande gare et un buffet excellent : nous étions affamés, car les provisions trouvées dans les buffets précédents avaient été insuffisantes pour nourrir tous les voyageurs. C'est à Kharbine que l'on rejoint l'autre ligne de Mandchourie et qui va jusqu'à la frontière de la Province Maritime et de là, par Nikolski, jusqu'à Vladivostok, parcourant un pays très pittoresque.

Kharbine, à l'embranchement de ces deux lignes et sur la large Soungari, est admirablement située pour devenir la grande ville de Mandchourie ; elle a été et est encore le principal centre de l'administration et de la construction du chemin de fer de l'Est-Chinois. C'est là qu'habitaient lors de mon passage les ingénieurs principaux sous la direction desquels s'achevait la construction de la ligne. Kharbine était déjà une triple ville, composée de trois parties bien distinctes, et d'ailleurs très éloignées les unes des autres. La ville la plus ancienne était la ville

chinoise, semblable à toutes les villes de même
espèce de la Mandchourie, à Moukden ou à Guirine,
à Tsitsikar ou à Ningouta ; la première ville russe
portait déjà le nom de Vieux-Kharbine. Nouveau-
Kharbine, était une cité nouvelle comme celle qu'on
avait élevée à quelques kilomètres de l'ancienne :
non loin de là était la gare ; les maisons des fonctionnaires et les administrations se trouvaient à
Nouveau-Karbine, et aussi des magasins où les
marchandises se vendaient fort cher. La troisième
ville était la plus importante peut-être au point de
vue commercial. Elle s'était développée le long de
la Soungari servant ainsi à la fois de port et d'en-
trepôt, là s'étaient établies depuis quelque temps
déjà des maisons succursales des plus importants
établissements de commerce de Vladivostok et de
Port-Arthur. Prévoyant l'avenir de Kharbine, l'administration avait acquis une grande étendue de
terrains et la ville pouvait s'étendre sur une surface
de plus de trente-trois kilomètres carrés. Une grande
affaire française allait être ouverte à Kharbine au
moment où la guerre a commencé, et le commerce
français a une fois encore joué de malchance en
Extrême-Orient.

La Soungari, à l'époque où je me trouvai à Kharbine, était gelée ; la navigation ne commence guère
qu'à la fin d'avril et ne dure que jusqu'à la fin

d'octobre. L'hiver est très dur en effet à Kharbine, où le thermomètre descend parfois au-dessous de 40°, pourtant les habitants s'occupent d'agriculture; les conditions en sont même favorables et les résultats bons. La végétation est très rapide, car l'été succède presque sans transition à l'hiver, et peu de temps après la disparition totale des glaces les chaleurs deviennent intolérables. A partir de Kharbine, la Mandchourie septentrionale ressemble aux terres russes du bassin de l'Amour. La flore et la faune sont presque semblables à celles de la région de l'Amour et de celles de l'Oussouri. Beaucoup d'espèces sont les mêmes.

Dans un voyage fait uniquement en chemin de fer, il est difficile de s'apercevoir des types si divers que l'on trouve en Mandchourie. Les Chinois dont nous avons parlé déjà sont en général agriculteurs, mais il en est parmi eux qui sont venus de la Chine méridionale comme chercheurs d'or.

Les Mandchous sont surtout habitants des villes, et il est très difficile de déterminer le chiffre exact de la population.

A Kharbine, fatigué du voyage en mauvais wagon, et blessé dans un accident, je demandai à l'un des ingénieurs principaux de me donner, s'il le pouvait, un wagon de service, et je pus gagner ainsi plus commodément la frontière de la Transbaïkalie. On me permettait de m'arrêter partout où je le désirais en faisant pousser mon wagon sur les voies de garage.

Le pays devint plus montagneux, nous traversâmes la Nonni, à 18 kilomètres de Tsitsikar, la grande ville chinoise du nord de la Mandchourie; occupée, elle aussi, par des Russes, et l'une des plus curieuses de la région. Les habitants en sont des commerçants très habiles. En 1900 les temples y ont été malheureusement abîmés et pillés.

Les montagnes devinrent ensuite plus grandes et plus escarpées, nous arrivions à la chaîne des monts Khinganes, divisée en deux parties, le grand et le petit Khingane. Le premier s'étend dans la direction du méridien, dès les frontières de Chine proprement dites, le long du fleuve Amour, sur une étendue de 1 000 kilomètres. Au nord, il s'approche du système des montagnes de Khourialine et plus à l'est il se réunit avec le petit Khingane. L'espace situé à l'est de la Soungari est couvert par les monts Tchanbo-chan.

Ce sont les monts Khinganes qui doivent être percés du tunnel dont nous avons parlé déjà, tunnel qui est remplacé provisoirement par la voie en zigzags que nous avons décrite. Nous traversâmes ensuite un grand plateau long de 300 kilomètres et nous arrivâmes ensuite à la petite ville de

Khaïlar, dont l'occupation russe a développé l'importance.

La ligne de l'Est-Chinois rejoint le Transsibérien 300 kilomètres après la frontière, dans la province de Transbaïkalie, où les courbes sont aussi hardies que nombreuses, où les pentes sont difficiles, et où, pour éviter les tunnels, les ingénieurs russes ont contourné audacieusement les obstacles et les difficultés. Les gares petites, perdues dans le désert, portaient jadis le nom mongol du lieu dans lequel elles se trouvaient; elles ont été débaptisées au détriment de la couleur locale : il y avait pourtant déjà en Russie assez de Nikolski, de Pétrovski et d'Alexandrovski, de Trinité, d'Assomption et de Résurrection.

Je ne continuai pas mon voyage jusqu'au Transsibérien et je m'arrêtai dans les monastères d'Aga et de Tsougalsk, situés près de la ligne, où j'allai raconter mes impressions de voyage à mes amis les lamas et au jeune dieu vivant que j'ai déjà présenté à mes lecteurs.

CHAPITRE IX

LES BRIGANDS KHOUNKHOUZES

La police chinoise. — Vols et brigandages. — Exploits et
audace des Khounkhouzes. — Leurs relations avec les sauvages.

Sɪ quelqu'un demandait mon opinion sur la
police chinoise en Mandchourie, je répondrais
que je la divise en deux groupes : la bonne police et
la mauvaise, et j'ajouterais que le second groupe est
incomparablement plus important que le premier.
Cette division semble un peu bien naïve, mais il
faut la faire pourtant et, ce qui est particulièrement
original, c'est d'indiquer par quel moyen on peut
distinguer la bonne police de la mauvaise : c'est
chose très simple, mais on ne saurait guère souhaiter
à un voyageur de se voir dans le cas de faire une
telle distinction. Lorsque, attaqué par les brigands
si nombreux en Mandchourie, un voyageur appelle
au secours, la bonne police chinoise se sauve épou-

vantée : la mauvaise, au contraire, accourt aussitôt,
se joint aux brigands pour dévaliser l'infortunée vic-
time et pour partager ensuite avec eux le butin
conquis. Personne ne s'étonne d'entendre raconter
pareille aventure; les Chinois en ont vu bien
d'autres : ils le constatent d'ailleurs, avec un scepti-
cisme étonnant.

« Je ne saurais approuver ces mœurs, me disait en
effet un Chinois de Kharbine, mais on ne peut pourtant pas reprocher à des malhonnêtes gens d'être
malhonnêtes, puisque c'est leur nature d'être ainsi :
seuls, peut-être, leurs parents sont coupables, puisqu'ils les ont mis au monde. Et puis, pour qu'une
police soit bonne, il faut qu'on la paie; l'État ne se
montre jamais généreux avec elle : il faut bien
qu'elle prenne son argent où elle le trouve!

— Même dans les poches des voyageurs? » demandai-je en riant.

Le Chinois se mit à rire silencieusement, puis
levant les bras vers le ciel, il me dit :

« Vous m'accorderez bien qu'il est plus agréable
pour un voyageur d'être dévalisé par des agents de
police que par de vulgaires malfaiteurs? L'aventure
est plus piquante et plus gaie. Et puis il a la consolation de se dire que si la police est souvent avec les
voleurs, Dieu est toujours avec les voyageurs! »

Le Chinois jeta un regard plein de malice par-

dessus ses grosses lunettes, afin de voir si j'étais
interloqué par ses paradoxes, et il ajouta :

POLICE CHINOISE.

« Il est vrai que Dieu se dérange bien rarement :
ce n'est vraiment qu'un allié de second ordre, et,
faut-il vous l'avouer, je crois qu'il a peur des
Khounkhouzes. »

Ces terribles Khounkhouzes dont me parlait mon interlocuteur sont des brigands célèbres dans l'Extrême-Orient : ils commettent chaque jour méfaits sur méfaits, arrêtent les voyageurs, épouvantent la police, exploitent les paysans, prélèvent à leur gré des impôts et des dîmes, s'emparent des bateaux marchands et s'attaquent aux soldats russes eux-mêmes.

Les journaux d'Europe font presque tous la même erreur grossière : ils les confondent avec les malheureux Toungouses, sauvages inoffensifs, qui ont été dépeints dans un précédent chapitre.

Depuis de longues années les Khounkhouzes terrorisent la Mandchourie, mais ils n'opèrent pas seulement sur la terre chinoise, ils pénètrent en Corée, et ont commis plus d'un crime sur le territoire russe même, et jusque dans les villes de Khabarovsk et de Vladivostok. Ils règnent par la terreur, et pour l'audace et l'habileté ils en remontreraient aux forçats russes eux-mêmes et aux vagabonds qui vivent si nombreux dans la Province Maritime. Ce n'est pas un mince éloge à faire aux Khounkhouzes que de constater leur supériorité sur les voleurs russes d'Extrême-Orient, car ces derniers sont aussi de premier ordre et leur habileté est reconnue par tous à Vladivostok. Lorsque j'étais, en effet, en 1899, dans cette dernière ville, un voleur russe sut enlever la montre du maire au moment même où celui-ci causait avec le maître de police. Les histoires de ce genre sont nombreuses, tragiques souvent, spirituelles quelquefois à ravir d'aise mon ami le Chinois de Kharbine dont je parlais tout à l'heure. La cuisine de l'amiral Vesselago fut dévalisée une nuit pendant un de mes séjours en Extrême-Orient, les voleurs ne laissèrent qu'un pot de confitures dont ils avaient apprécié le contenu à sa juste valeur, puisqu'ils y avaient laissé ces mots :

« Merci, madame l'Amirale, vos confitures étaient excellentes! »

A vrai dire, je crois qu'à Vladivostok on ne se contente pas d'être volé par les malfaiteurs, on leur prête encore de l'esprit, et les habitants de la ville ont ainsi de bonnes histoires à se raconter pendant les trop longues soirées de l'hiver.

On aurait tort d'en rire pourtant, car les brigands d'Extrême-Orient sont souvent d'une cruauté terrible. Les Khounkhouses, répartis en bandes, savent se glisser partout; ils ont, en Mandchourie, en Corée, en Sibérie, surtout dans les villes et les villages, des espions qui guettent, épiant les mauvais coup faciles à faire, et qui sont pour les chefs de bandes de merveilleux agents de renseignements. Les bandes organisées s'arrogent les droits les plus exorbitants et, selon les besoins du moment, pré-

lèvent des impôts sur les populations qui les
entourent. Les dépêches nous ont appris les tentatives, heureuses parfois pour eux, qu'ils ont faites
pour s'emparer des bateaux marchands de la Soungari et de la Nonni : ils ont d'ailleurs depuis de
longues années déjà, établi des postes au confluent
des rivières qui se jettent dans le fleuve Amour.
Toute barque qui passe devant eux est arrêtée sous
la menace de leurs armes, et le malheureux Chinois
qui allait vendre à la ville russe la plus voisine un
chargement de blé, d'avoine, de riz, de thé ou de
légumes, est gardé à vue par les malfaiteurs, pendant
qu'un des brigands se charge de le remplacer et de
négocier l'affaire en pays russe : lorsque le vendeur
est de retour au poste des Khounkhouzes, ceux-ci
rendent la barque au propriétaire et s'attribuent
sans plus de formalités trente ou quarante pour
cent sur le prix de la vente. Le malheureux, bien que
dépouillé, n'ose rien dire, et se félicite même tout
bas de n'avoir pas été plus maltraité et de s'en tirer
à si bon compte.

Un jour à Khabarovsk, le général Tchitchagov,
qui commande en ce moment les gardes-frontière
d'Extrême-Orient, rencontra dans une rue un jeune
Chinois tout éploré. Le général lui demanda ce qu'il
avait; le jeune homme poussait de grands cris et
refusait de répondre; on eut la plus grande peine à

le faire parler, tant il avait peur d'attirer sur lui ou sur les siens la vengeance des Khounkhouzes. Quelques-uns de ceux-ci étaient entrés, le matin même, chez son père, un des plus riches marchands de la ville, l'avaient menacé des pires fléaux et lui avaient donné l'ordre de les suivre s'il ne voulait pas voir ses fils torturés, ses filles violées, ses maisons incendiées. Ils avaient agi de la même façon chez deux ou trois autres notables marchands chinois, établis dans la ville, et ils avaient, sans qu'on osât leur résister, enlevé chacun d'eux, en plein jour, devant les familles muettes d'épouvante après avoir fixé à un très haut prix la rançon de leurs prisonniers. La terreur inspirée par les brigands était si grande que les fils, pour sauver leurs pères, s'étaient décidés à se taire et à payer, n'osant pas demander protection aux autorités russes dans la crainte des représailles terribles qu'avaient annoncées les Khounkhouses. Le gouverneur général de Khabarovsk envoya aussitôt des soldats qui retrouvèrent les Chinois dans une île du fleuve Amour.

Le gouverneur de Vladivostok me disait quelques jours après cet événement qui, ainsi qu'on le peut supposer, fit grand bruit en Extrême-Orient :

« Les Khounkhouzes sont si puissants et surtout si redoutés qu'ils trouvent de l'argent partout où ils veulent et jusque dans la ville même où je réside :

je suis persuadé, sans en pouvoir trouver la preuve
exacte, que, épouvantés par eux, les commerçants
établis en Extrême-Orient russe paient chaque année
un tribut aux brigands, que personne n'ose trahir,
qui ont partout des complices ou des affiliés, et
dont la puissance est d'autant plus redoutable
qu'elle est absolument occulte. »

Les Chinois sont nombreux dans les villes russes
de la Sibérie Orientale : ils gagnent leur vie kopek
par kopek et tous les trois ou quatre ans, quand
leurs économies le leur permettent, ils retournent à
leur village natal, où ils ont laissé leurs femmes et
leurs enfants. Lorsque les Chinois reviennent ainsi,
par terre, à la fin de l'été, il suffit de cinq ou six
brigands pour arrêter et épouvanter une bande de
cent hommes; les brigands se disent les représentants des Khounkhouzes de la région, ils fixent une
rançon à chaque Chinois, qui, dans la crainte d'une
vengeance, paie sans oser protester. La vengeance
d'un refus serait terrible : et la famille de celui qui
protesterait en connaîtrait toutes les conséquences :
le viol, l'assassinat et surtout l'incendie sont les
armes habituelles des Khounkhouzes; tout comme
les Chinois, les Coréens et parfois même les Russes
l'ont appris à leurs dépens.

Les Khounkhouzes, on l'a vu déjà, ne craignent
pas d'attaquer le soldat russe, mais les brigands,

lorsqu'ils sont pris par les autorités russes, sont alors très durement punis et n'échappent que rarement à

LES KHOUNKHOUZES

la mort. On sait qu'en Russie la peine de mort a plus d'adversaires que de partisans : seul, le tribunal militaire peut la prononcer, et, même pour des crimes commis par les forçats au bagne, dans l'île

Sakhaline, il est extrêmement rare que le gouverneur général fasse juger le coupable par un tribunal militaire : un assassin, déjà condamné à perpétuité, qui commet un nouveau crime, passe devant le tribunal civil et se voit ajouter une perpétuité à celle qu'il avait déjà. On est plus sévère pour les crimes des Khounkhouzes et on tient même à ce que la punition soit sommaire et qu'elle serve d'exemple. Je fus un jour invité par le procureur de Vladivostok à voir pendre cinq Khounkhouzes qui avaient assassiné des soldats russes. Je répondis que voir pendre un brigand ne me tentait guère, et qu'il me serait plus désagréable encore d'en voir pendre plusieurs à la fois.

« Vous avez eu tort de ne pas venir, me dit le lendemain M. Skvortsov, le procureur ; un seul a eu peur de la corde, il était inconscient et déjà presque mort d'effroi quand on l'a pendu. Les autres étaient bavards et bruyants et disaient force les plaisanteries cyniques. Je l'ai constaté plusieurs fois déjà : le Chinois, qui dans tant de circonstances est lâche et poltron, se montre presque toujours d'une bravoure sans exemple devant la mort ! »

Le procureur de Vladivostok disait la vérité : les Chinois, lorsqu'ils voient qu'ils ne peuvent échapper à la mort, en prennent philosophiquement leur parti, victimes résignées de la fatalité : mais que

quelques voleurs audacieux viennent s'établir dans
les environs des villes ou des villages, ils parviendront vite à en terroriser tous les habitants, qui,
effrayés, s'enfermeront chaque soir hermétique-
ment, n'oseront plus sortir la nuit tombée, refuse-
ront de secourir leurs voisins attaqués par les
Khounkhouzes, et paieront à ceux-ci redevances sur
redevances sans songer qu'ils pourraient facilement
lutter et qu'ils sont deux ou trois cents braves gens
contre quelques malfaiteurs seulement. Les Chinois
racontent à ce sujet des histoires incroyables et qui
pourtant sont vraies. Ils sont inépuisables quand
ils parlent des Khounkhouzes, et comme dans tout
pays on ne prête qu'aux riches, plus d'un Chinois
qui n'a pas la conscience bien nette fait porter au
compte des Khounkhouzes les méfaits que lui-même
a commis. A ce point de vue on peut dire que les
Khounkhouzes ont rendu service à tout le monde.

Chaque fois, en effet, que les troupes régulières
chinoises jouent quelque mauvais tour aux
Russes, la réponse aux revendications de ces derniers est toujours la même :

« Ce n'est pas nous, répond le gouverneur ou le
général, les coupables ce sont les Khounkhouzes! »

En vérité, bien des faits commis ainsi par les soldats de l'armée chinoise ont été mis bien gratuitement sur le compte des Khounkhouzes, et il est cer-

tain que plus d'un fonctionnaire chinois a traité
avec eux et les a chargés, avec la complicité de son
gouvernement, d'exécuter ses propres vengeances.
La réciproque n'en est pas moins vraié, et l'excuse
semblant merveilleuse aux officiers et aux fonctionnaires russes, ces derniers ont aussi répondu aux
autorités chinoises qui leur reprochaient quelques
faits de caractère regrettable. « Ce n'est pas nous!
C'est les Khounkhouzes. »

Les journaux japonais ont plus d'une fois déclaré
que les Khounkhouzes étaient des personnages ima-
ginaires, dont les méfaits étaient créés par l'ima-
gination des Russes : ceux-ci trouvaient, disaient
les Japonais, très utile pour leur politique de char-
ger de crimes les brigands chinois et ils trouvaient
dans ce fait une raison pour ne pas évacuer la Mandchourie, sous le prétexte que le chemin de fer de l'Est-
Chinois serait alors détruit par les brigands. A vrai
dire, la présence très réelle des Khounkhouzes sans
cesse menaçants rendait cette raison très valable,
et les Russes avaient tout intérêt à la mettre en
avant : il est d'ailleurs très étonnant d'avoir à constater que les Khounkhouzes n'ont jamais tenté quelque grande entreprise contre la voie ferrée. Les
Japonais savent d'ailleurs, et mieux que tous les
autres, à quoi s'en tenir sur l'existence des Khounkhouzes, car leur service d'espionnage en Extrême-

Orient a toujours été organisé de main de maître, et la preuve qu'ils ne doutent pas que les Khounkhouzes soient pour la Russie des ennemis dangereux, c'est qu'ils traiteraient aujourd'hui volontiers avec eux et qu'ils comptent sur leur concours pour détruire çà et là, partout où ils le pourront, quelques kilomètres de la ligne du Transmandchourien.

On a vu déjà que pendant la campagne l'activité des Khounkhouzes ne s'est pas ralentie, loin de là, mais j'ai peine à croire qu'il y ait eu jamais, comme l'ont dit les journaux russes, 7000 hommes bien armés, réunis sous les ordres de Tou-li-san. Il n'en est pas moins vrai pourtant que ce chef s'avançait, à la tête de bandes qui ressemblaient à des armées, pillant tout, brûlant tout sur leur passage. La disette qui régnait alors en Chine méridionale avait provoqué un grand mouvement d'émigration vers la Mandchourie. Une partie des miséreux s'étaient joints aux Khounkhouzes, ils attaquaient les postes de soldats les plus éloignés, les harcelant, les fatiguant sans cesse, ne leur laissant aucun repos. On ne sait pas encore à quel mot d'ordre ils obéissaient, quel complot secret avait été ourdi, et par qui il avait été préparé. Ce furent de vraies batailles que, quelques jours à peine avant l'attaque japonaise, les Russes durent livrer aux brigands.

Pendant mon séjour en Mandchourie, les soldats

russes étaient souvent attaqués par les Khounkhouzes, ils devaient toujours être sur leurs gardes ;
des postes éloignés furent maintes fois entourés et
assiégés, mais il est vrai de dire que les Russes,
bien qu'ils ne fussent le plus souvent qu'un contre
huit ou dix brigands remportaient toujours la victoire : les morts ou les blessés étaient rares chez les
premiers, on les comptaient par unités, tandis
qu'au contraire les Khounkhouzes, mal commandés,
mal armés surtout, laissaient toujours sur le terrain
par dizaines des morts et des blessés. Les bandes
mal organisées et sans discipline prenaient peur
tout d'un coup et perdaient plus d'hommes encore
pendant leur retraite exécutée sans ordre que pendant leur attaque maladroitement dirigée.

Je me souviens qu'un jour lorsque je voyageais
entre Moukden et Kharbine, des cavaliers cosaques
firent des signaux et notre train s'arrêta. A quelques
pas de la voie un soldat était étendu avec le poi-
gnard d'un Khounkhouze dans la poitrine : le malheureux avait été tué en plein jour à un kilomètre
du poste auquel il appartenait et quelques minutes
avant le passage du train que les assassins devaient
voir s'avancer dans la steppe immense qui s'étendait
devant eux.

Les Russes ne sauraient trop surveiller aujour-
d'hui ces brigands dont l'audace doit être décuplée

à l'idée que les Japonais parviendront peut-être à chasser les Slaves de la Mandchourie. Les Khounkhouzes peuvent compter sur la complicité plus ou moins discrète des fonctionnaires auxquels pèse la domination russe et peut-être même de plus hauts personnages de la cour de Pékin. Les journaux d'Europe l'ont dit déjà, et en cela ils ont raison, mais par contre ils se trompent lorsqu'ils prétendent que les populations primitives établies dans le bassin du fleuve Amour seraient prêtes à se joindre à eux : celles-là sont incapables de réaliser et même de concevoir de semblables projets, elles ne demandent qu'à vivre en paix, loin du bruit et des coups de fusil ; et, si elles ont peur des Russes, elles ont grand effroi des Khounkhouzes.

Je suis arrêté un jour, dans le nord de la Mandchourie, dans un campement où les Khounkhouzes passaient pour être très nombreux. Je fus reçu par un des sauvages du campement : c'était un jeune homme très petit, vêtu d'une veste de peau de poisson : ses yeux étaient bridés, son nez large et épaté, ses pommettes saillantes : il portait au nez et aux oreilles de grands anneaux de métal. Il me fit entrer dans sa cabane, très légèrement construite et assez spacieuse ; une estrade peu élevée recouverte de feutres et de tapis râpés servait de lit à toute la famille ; dans un coin de la maison, un vieillard s'abandonnait aux plaisirs de l'opium en roulant des yeux d'abruti; à côté de lui, des gamins se partageaient, en se querellant, un poisson presque cru.

Mon hôte, qui me prenait pour un Russe, m'annonça son intention de passer le fleuve Amour et d'aller s'établir en Sibéric. Tout le village avait l'intention d'émigrer sur la terre russe : les habitants s'échapperaient pendant la nuit, secrètement, à l'insu de leurs voisins les Khounkhouzes, qui constamment les traitaient en esclavés, les battaient, les forçaient à travailler pour rien et les laissaient mourir lentement de faim.

« Ils m'ont tout pris , me déclara le pauvre homme, mon traîncau, mes chiens, mes vêtements, ma femme!

— Comment, ta femme?

— Oui, seulement, elle, ils me la rendent de temps en temps : tu comprends, ils ne peuvent pas s'en servir tout le temps. Mais les chiens et le traîneau, ils ne les rendent jamais... »

Je me mis à rire malgré moi, quand l'indigène m'expliqua naïvement :

« Oh, tu sais, ça m'a bien ennuyé, quand pour la première fois un Khounkhouze m'a pris ma femme : je l'ai battue!

— Le Khounkhouze?

— Oh, non, il était beaucoup plus grand, beaucoup plus fort que moi. Non, j'ai battu ma femme; mais tout de même j'étais bien ennuyé.

— Et aujourd'hui tu te consoles?

— Oh, vois-tu, j'en ai pris l'habitude. Je ne peux pourtant pas la battre toutes les fois qu'un Khounkhouze la force à l'accompagner dans la forêt : et puis, ça arrive maintenant si souvent, que ça n'a plus aucune importance! »

Les sauvages, on le voit, sont parfois des sages!

CHAPITRE X

1903

Les promesses d'évacuation. — Les travaux russes à Dalny, à
Vladivostok, à Kharbine. — Création d'une lieutenance impériale. — La non-évacuation. — Les affaires de Corée.

C'ÉTAIT le 8 octobre 1903 que les Russes devaient
rappeler leurs troupes et évacuer la Mandchourie; ils ne démentirent pas un instant leurs
promesses, mais tous leurs actes semblaient prouver
que leur intention secrète était d'y rester.

Les missions officielles se succédaient en effet
rapidement en Extrême-Orient, montrant tout l'intérêt que le gouvernement russe portait à la Mandchourie; dans aucun pays du monde, on n'avait
jamais vu tant de chargés de missions, et de tels
chargés de mission! C'étaient les ministres eux-
mêmes que l'Empereur envoyait en Extrême-Orient :
on y vit le prince Khilkov, ministre des Voies et

Communications; après le retour de M. Romanov, ministre adjoint des finances, ce fut M. Vitte lui-même, le plus important personnage de l'Empire, qui partit pour Port-Arthur et Vladivostok, puis le général Kourapatkine, ministre de la guerre, se rendit à son tour en Extrême-Orient. Les Japonais étaient bien en droit de supposer que toutes ces visites n'avaient pas pour seul but de hâter l'évacuation des trois provinces encore chinoises.

Dès son retour, M. Vitte écrivit son rapport féal à l'Empereur, où il dépeignit la situation exacte des travaux russes en Extrême-Orient. C'était, nous l'avons dit déjà, le programme même de l'expansion russe en Asie.

Toute la première partie avait trait à la Sibérie : le ministre y parlait avec admiration du Transsibérien, « dont l'importance, disait-il, est reconnue aussi bien à l'étranger qu'en Russie »; il célébrait la « magistrale voie du transit universel »; l'Extrême-Orient, grâce à la Russie, « allait sortir de son isolement », et la Russie devenait le facteur principal des relations entre l'Europe et l'Extrême-Orient.

Le rapport devenait ensuite un programme, lorsque le ministre parlait de l'achèvement de l'œuvre commencée et du perfectionnement qu'on devait nécessairement y apporter. Il réclamait une étude approfondie de la région forestière, l'élargis-

sement de la colonisation, l'amélioration des voies
carrossables, et la création « dans le plus bref délai
possible » de la ligne du Transsibérien à Tachkent.

Pour lire la seconde partie du rapport, il était
nécessaire d'oublier que les Russes avaient promis
d'évacuer, dans un temps donné, les provinces de
Mandchourie : on pouvait en effet douter de leur
parole, quand on examinait les vastes projets de
M. Vitte, incomplets pourtant, puisque le ministre
se taisait sur un point et ne faisait pas la moindre
allusion au projet du Transmongolien.

La conséquence principale à tirer du rapport était
la suivante : l'œuvre entreprise par les Russes était
loin d'être terminée, on n'était pas encore prêt
pour une grande lutte en Extrême-Orient. Je puis
le dire ici, car l'opinion que j'ai aujourd'hui est
celle que j'avais hier; j'avais prédit à mes amis de
Russie, qui riaient de moi tout bas, ce qui est arrivé
cette année. J'avais plusieurs fois exprimé mes
craintes dans des conférences faites à Paris et en
province et dans des articles parus dans la *Revue des
Questions diplomatiques et coloniales* et dans le *Bul-
letin de l'Asie française.*

Il s'agissait donc pour les Russes — le rapport
féal le prouvait — de gagner encore du temps : ils
se doutaient bien que les Anglais, les Américains et
les Japonais réclameraient bruyamment, à la date

fixée par la convention russo-chinoise, l'évacuation de la Mandchourie, mais ils pensaient sans doute pouvoir s'appuyer sur deux clauses de cette convention : les Russes ne devaient évacuer le territoire chinois que si rien d'anormal ne survenait dans la politique d'Extrême-Orient, et si la politique mondiale le permettait. Or, en 1903, les Khounkhouzes, par leurs méfaits, donnaient aux Russes de bonnes raisons pour rester en Mandchourie, et plusieurs fois on dut livrer contre eux de véritables batailles.

Ce que le rapport de M. Vitte prouvait incontestablement, c'est que les Russes agissaient en Mandchourie comme s'ils se trouvaient chez eux et, je le répète, l'opinion en Russie était quasi unanime sur ce point. Les Russes tenaient à agir seuls; toute tentative, même commerciale, émanant d'étrangers leur semblait une atteinte à leurs droits. Il semblait aussi que cet exclusivisme s'étendît jusqu'en Sibérie Orientale où les représentants des nations étrangères, qui voulaient ouvrir des comptoirs et des établissements commerciaux, étaient parfois mal reçus, quelle que soit leur nationalité : des Français s'en sont plaints amèrement.

Il est pourtant une sorte d'ingérence étrangère qui ne déplaît pas à la Russie, c'est celle que l'on provoque par voie d'emprunt; l'argent nécessaire pour aider la Russie à devenir la première puissance

en Asie ne pouvait qu'être bien accueilli par elle :
le rapport de M. Vitte prouvait que de nouveaux
emprunts étaient imminents et que les créanciers
ordinaires de la Russie allaient être prochainement
mis à contribution.

De Port-Arthur, M. Vitte ne parlait pas, on le comprend. On manque d'ailleurs de renseignements à ce
sujet, il est difficile de savoir exactement ce qui y a
été fait en 1903. Il est naturel d'ailleurs que le secret
ait été gardé puisqu'il s'agissait de défense natio-
nale; les journaux se contentaient de répéter que
Port-Arthur était désormais inexpugnable : l'activité déployée à Port-Arthur pendant l'année qui a
précédé la guerre a été énorme; elle ne fut pourtant
pas suffisante puisqu'il n'y a pas même aujour-
d'hui un bassin de radoub dans le grand port de
guerre russe d'Extrême-Orient; et les événements
actuels semblent prouver déjà qu'il n'y a pas de
place qui soit inexpugnable.

Quoi qu'il en soit, le ministre des finances constatait que désormais Port-Arthur était relié à Saint-
Pétersbourg, que dans le courant de 1903 les trains,
entre la capitale de l'Empire et les grands ports
d'Extrême-Orient, auraient des services réguliers et
qu'en 1905 les transbordements du Baïkal seraient
évités, lorsque la ligne qui doit contourner le lac serait
enfin terminée. Quant au chemin de fer de l'Est-

Chinois, c'est à peine si l'on pouvait lui faire quelques critiques : l'œuvre était excellente et durable.

C'est en 1903 que Dalny prit déjà une importance considérable et qu'on vit combien brillant était l'avenir qui pouvait lui être réservé. On sait qu'en 1898, après la convention par laquelle le gouvernement chinois cédait à bail le territoire de Kouantoung, la Russie manifesta son intention de fonder un grand port à l'extrémité du Transmandchourien. Ce port, disait-on, serait ouvert largement au commerce étranger et les navires de tous les pays y trouveraient un libre accès.

Le plan de Dalny fut rapidement fait. Partagée en trois quartiers, le premier destiné aux fonctionnaires et aux administrations, le second aux commerçants européens, le troisième aux marchands chinois, la ville de Dalny, on peut le dire, fut créée de toutes pièces. Les travaux furent poussés activement, mais ce n'est qu'en 1903 que le commerce, quittant peu à peu Port-Arthur, put s'y développer librement.

Pendant l'année 1903, la vie commença dans le port : il y entra, en effet, 717 vapeurs chargés de marchandises et 1 418 jonques chinoises ; par le port ont transité 1 171 899 colis de marchandises et 45 134 passagers. D'après les nationalités, les navires de commerce se répartissaient de la façon suivante :

324 vapeurs russes, 241 japonais, 83 anglais, 49 chinois, 12 norvégiens, 2 américains, 2 austro-hongrois, 2 allemands. On ne saurait taxer cette statistique d'exagération, comme tant d'autres si étranges qui nous viennent de l'Asie russe. Les journaux anglais du Japon disaient en les publiant que Dalny, où le commerce venait récemment de naître, avait déjà porté un coup terrible à Niou-Tchouang. Dans ce port, en effet, les affaires russes étaient moins brillantes qu'à Dalny, ainsi que le prouvent les chiffres qu'a publiés cette année M. Cristi, consul de Russie ; là, ce sont les Chinois et les Japonais qui accaparent presque tout le commerce d'échange avec la Mandchourie, et, très loin derrière eux, les Américains, qui font chaque année des progrès inquiétants pour les Russes.

Constatons tristement que le commerce français semble s'être désintéressé de Dalny, comme il sa désintéresse de presque tous les ports d'Extrême-Orient : aucun bateau français n'est entré en 1903 dans le port de Dalny, et il est malheureux de voir que depuis de nombreuses années on n'a pas vu une seule fois le pavillon français dans celui de Vladivostok.

A l'époque de mon passage à Dalny, on a vu déjà que le quartier destiné aux administrations et aux fonctionnaires était terminé et qu'il avait déjà à lui seul l'aspect d'une ville organisée; les constructions étaient solides et grandioses. A la fin de 1903 les rues du quartier destiné aux commerçants étaient aplanies et les travaux de nivellement terminés. L'administration russe n'avait pas l'intention d'y construire des maisons, elle laissait ce soin à l'initiave privée et se contentait d'y élever quelques édifices publics, une école de commerce, une église, et un nouvel hôtel; un emplacement très vaste, situé à l'ouest, était destiné à devenir un grand parc séparant le quartier européen du quartier chinois. Dans celui-ci, très grouillant de monde, un riche Chinois avait déjà construit un grand théâtre en pierres : on sait que les Chinois sont très avides de spectacles et que leurs pièces, parfois très intéressantes, appartiennent à tous les genres : héroïques ou comiques le plus souvent, inconvenantes parfois, obscènes même.

« Le grand art, me disait un jour un Chinois de Vladivostok, doit parfois savoir être inconvenant. »

Les pièces que j'ai vues à Vladivostok et à Dalny abusaient même de la permission : elles devaient donc appartenir au très grand art.

M. Vitte avait trouvé à Dalny un ingénieux moyen de se procurer de l'argent, en vendant les terrains destinés aux commerçants désirant d'aller s'y établir. Il se figurait même que toutes les dépenses faites dans le port et dans la ville seraient remboursées à l'État par la vente aux enchères des terrains. En fait, en novembre 1902, une première vente rapporta à l'État une somme de 1 157 161 fr. 82. On préparait pour l'hiver de 1903-1904 une grande vente nouvelle, et on avait déjà calculé que si le prix du terrain restait le même qu'à la vente précédente — et on avait tout lieu de croire qu'il n'en serait pas ainsi et que les prix augmenteraient dans de notables proportions, — on réaliserait facilement une somme de près de 40 millions de francs : or, l'étendue des terrains désignés pour la vente de l'hiver représentait seulement le quart du territoire entier destiné à être vendu par la suite. Plusieurs rapports officiels soutenaient même que la création de Dalny apporterait de très gros bénéfices à l'État, qui rentrerait dans ses déboursements et bien au delà : on avait compté sans la guerre.

Le port terminé devait avoir l'étendue de celui d'Odessa. En 1903, déjà les bateaux russes et japonais y faisaient escale et venaient y attendre les voyageurs amenés par le Transsibérien. Le port, formé par une partie d'une vaste baie, était déjà entouré de barrages artificiels, de môles et de brise-lames.

Les dragues allaient terminer en 1904 les travaux d'approfondissement du port, dont une partie devait avoir 28 pieds de profondeur. Les môles, munis de

quais en pierre, pouvaient permettre à huit grands
vapeurs océaniques et à une douzaine de caboteurs
d'accoster. Une cale sèche pour les vapeurs de
moyen tonnage était déjà en état et une autre des-
tinée à de plus grands navires, en bonne voie d'achèvement.

On s'était préoccupé aussi de la grosse question
d'établir à Dalny de grands dépôts de houille. On
avait pensé à y envoyer du charbon des houillères
de Souchane, voisines de Vladivostok, ou de l'île de
Sakhaline. Le charbon de Sakhaline, que l'on
exploite depuis quelques années, est de qualité inférieure, il flambe en brûlant, ce qui n'est pas sans
danger pour le bateau qui l'emploie. On ne sait pas
encore ce qu'il faut penser de tous les gisements de
Mandchourie; des explorations scientifiques avaient
été organisées par les soins de la Compagnie de
l'Est chinois et les rapports déposés récemment. On
comptait beaucoup sur les mines de Iantaï, situées
près de Moukden, qui semblent contenir abondam-
ment du charbon de grande qualité.

Au moment où M. Vitte écrivait son rapport, les
dépenses faites à Dalny dépassaient 50 millions,
elles n'étaient rien en comparaison de ce qu'on
disait dépenser encore. C'était au mois d'avril 1903
et le ministre déclarait qu'il fallait encore un an de
travail avant que la vie puisse activement com-

mencer dans la ville et dans le port. Le chiffre
donné par M. Vitte est exact mais il faut dire qu'à
Dalny comme en Mandchourie on a dépensé sans
compter et beaucoup d'argent a été... disons gâché.
Quoi qu'il en soit, la création de Dalny constituait
une œuvre civilisatrice au suprême degré : il est
triste de penser que tant d'argent et tant d'efforts
auront été dépensés en pure perte, que tant d'hommes
auront sacrifié pour rien, leurs forces, leur vie parfois, et que ce qui a été fait est à recommencer; Dalny
méritait d'être mieux défendue !

Nous avons déjà parlé de la rivalité de Vladivostok
et de Dalny. D'après les conditions du commerce
continental avec la Chine, établies en 1862 et confir-
mées en 1888 par le traité de Saint-Pétersbourg, le
commerce s'exerçait librement et en franchise jusqu'à
une distance de 50 verstes des deux côtés de la frontière; mais comme, d'autre part, cette zone de
50 verstes n'était ni surveillée ni gardée, on peut
dire que la liberté de commerce était complète dans
le pays du fleuve Amour et dans la Transbaïkalie.
La frontière douanière était alors située au bord du
Baïkal. Lorsque la ligne du Transsibérien aboutit
à la Chilka, qui prend, après son confluent avec
l'Argoune, le nom de fleuve Amour, l'Extrême-Orient
fut directement réuni à la Russie par le fleuve et
par la voie ferrée. Toute la frontière orientale de la

Russie se trouvait ouverte aux produits étrangers;
elle s'en effraya et craignit de voir compromis à la
fois le commerce russe que la concurrence étrangère
menaçait et tout le système de protection douanière
qu'elle avait établi si soigneusement. La loi du
16 juin 1900 fut mise en vigueur : Vladivostok et
Nikolaievsk cessèrent d'être ports francs, on défendit
même l'importation en franchise des marchandises
par la frontière de terre, sauf des articles de pro-
venance chinoise; à quelques rares exceptions près,
la plus grande partie des marchandises impor-
tées par les anciens ports francs durent payer des
droits d'entrée, conformément à un tarif général : il
y eut des fraudes, mais elles furent sévèrement
punies. Dalny cependant était déclaré port franc et
les marchands de Vladivostok se plaignirent amèrement qu'on les sacrifiât à la ville nouvelle. Des
commerçants étrangers, l'explorateur Chaffanjon
tout le premier, quittèrent Vladivostok pour aller
s'établir à Port-Arthur et à Dalny.

M. Vitte a soutenu les prétentions de Dalny et a
traité de mesquines toutes les rancunes manifestées
par le commerce de Vladivostok. Il reconnaît pourtant dans son rapport que le coup porté à cette ville
était pénible, mais sa conviction était que l'Empire
russe avait besoin de plusieurs grands ports en
Extrême-Orient et qu'on ne devait pas juger main-

tenant, mais plus tard, l'œuvre entreprise par la Russie pour en comprendre toute la grandeur. « L'histoire, déclarait-il à la fin de son rapport, se compte par siècles et non pas par années. En construisant le chemin de fer de l'Est-Chinois et en créant Dalny et Port-Arthur, on a accompli une grande œuvre, on a résolu un problème historique, on a fait un des derniers pas dans la marche en avant de la Russie tendant à trouver une issue dans une mer ouverte sur le littoral libre de glaces du Pacifique. »

Certes, si la création de Dalny a porté un coup à Vladivostok, cette dernière ville n'en offre pas moins un excellent port : on y a travaillé aussi et très activement pendant l'année 1903. Vladivostok est une ville jeune, et se développe avec une incroyable rapidité : chaque fois que je l'ai revue, je l'ai trouvée plus vaste et plus jolie : c'est une place de commerce de grand avenir vers laquelle chaque année les navires de tous les pays se rendent plus nombreux et une forteresse de premier ordre, défendue par les admirables montagnes qui l'entourent et par des ouvrages d'un art militaire très savant. Le port, vaste et bien situé, est merveilleux avec ses grands navires de guerre qui semblent sommeiller sur les eaux, tandis que des canots et des sampans s'agitent nombreux autour des bateaux de commerce.

Il entre en effet à Vladivostok chaque année plus de trois cents bateaux, qui importent près de quinze millions de marchandises et qui en exportent plus de quatre. Avec les pays voisins en 1903, les échanges ont encore notablement augmenté : la Corée fait un grand commerce avec Vladivostok qui lui envoie des objets manufacturés, des cuirs, des chaussures, du sel, des peaux et du poisson et qui en reçoit du riz, du blé, de la farine, des haricots et du bétail. Les marchandises y sont transportées par des bateaux russes, japonais, coréens et chinois, et le charbon par des bateaux russes et norvégiens. Les plus beaux bateaux entrés dans le port sont ceux de la flotte Volontaire qui fait le service entre Odessa et l'Extrême-Orient.

En même temps qu'à Dalny, l'activité russe en 1903 se manifestait aussi à Kharbine. Le Nouveau-Kharbine se développait. La ville est fondée sur un plateau assez élevé que les eaux de la rivière ne peuvent atteindre et dont les pentes sont, de chaque côté, douces et faciles à descendre. On avait tracé sur ce plateau le plan des édifices municipaux à construire sur une surface de quatre verstes de longueur et d'une verste et demie de largeur, on avait prévu l'éventualité d'une extension importante de la ville, où l'on a déjà construit plus de 400 maisons de pierre. Les édifices principaux sont les uns terminés, les autres encore en construction, ce sont des locaux

VLADIVOSTOK

pour les divers services et administration, des églises,
des écoles, un grand hôtel, une école de commerce, etc.

On travaillait de même au port. Nous avons déjà
dit que Kharbine est composé de trois villes, le
Vieux-Kharbine, ville provisoire bâtie en glaise,
Nouveau-Kharbine et le port ; cette troisième colonie
est formée d'un groupe d'ateliers et de magasins
devant les pontons où s'arrêtent les bateaux. Il y a
là des maisons, des administrations, une école. La
ville a plus de 20 000 habitants. Cet accroissement
rapide est d'autant plus étonnant, que longtemps
il fut interdit aux particuliers d'acheter des terrains
dans la zone expropriée par le chemin de fer. Cette
condition a notablement retardé la création des maisons de commerce et des entreprises industrielles.

En 1901 eut lieu une vente de terrain aux
enchères et en 1903 on constata qu'il était nécessaire
d'adopter pour l'affermage des terrains un système
nouveau, pour faciliter et développer le commerce
dans une ville dont les Russes veulent faire la première de la Mandchourie.

A la même époque on étudiait la question de la
construction des bâtiments de service le long de la
ligne : presque tout était encore à construire.

**
***

Les Japonais, qui suivaient, avec intérêt et non
sans inquiétude, l'accomplissement des projets

russes, purent croire que la Russie voulait manifester ses intentions nouvelles, lorsque fut promulgué l'oukaze du 30 juillet 1903 (13 août de notre calendrier).

Cet oukaze était le suivant :

« Vu les problèmes complexes de l'administration dans les confins orientaux de l'Empire. Nous trouvons nécessaire l'institution d'un pouvoir apte à assurer le développement pacifique du pays et à satisfaire les besoins locaux urgents. Ayant par conséquent jugé bon que les territoires de l'Amour et de Kouantoung forment dorénavant une lieutenance spéciale. Nous ordonnons, savoir :

1° Notre lieutenant en Extrême-Orient est revêtu du pouvoir suprême en tout ce qui concerne l'administration civile du pays qui lui est confiée, et cette administration est affranchie de la juridiction des ministères. Au lieutenant est également conféré le pouvoir suprême pour le maintien de l'ordre et de la sécurité dans la zone du chemin de fer de l'Est-Chinois, ainsi que le soin de pourvoir aux besoins de la population russe dans les pays limitrophes au delà de la lieutenance impériale. »

Il était dit ensuite dans l'article 2 que le lieutenant impérial était l'intermédiaire nécessaire entre les divers ministères et les fonctionnaires qui en dépendaient; dans l'article 3, qu'il était à la tête des services diplomatiques concernant les relations des frontières de la lieutenance et des pays voisins; dans l'article 4, qu'il devenait le chef des troupes et des forces navales d'Extrême-Orient.

L'amiral Alexéiev, dans l'article suivant, était nommé lieutenant impérial.

Le lieutenant impérial ne dépendait donc d'aucun ministre, il était à la fois général et amiral, il avait sous ses ordres toutes les administrations, toutes les armées, la police, la direction du commerce et de la colonisation. Il était avant tout diplomate, en un mot quasi vice-roi en Extrême-Orient. Ce mot de vice-roi est d'ailleurs beaucoup trop souvent employé par les journaux d'Europe : l'amiral n'a jamais eu le titre de vice-roi.

Les deux territoires russes, le pays de l'Amour et la région du Kouantoung semblaient assez éloignés l'un de l'autre puisqu'ils étaient séparés par la Mandchourie, mais le lieutenant impérial avait le pouvoir suprême pour maintenir l'ordre et la sécurité dans la zone du chemin de fer de l'Est Chinois, c'est-à-dire en Mandchourie et dans les pays limitrophes.

Il était facile d'interpréter ces dernières clauses : les pays qui appartenaient à la Russie ou qui en dépendaient étaient désormais dirigés par un seul homme: or ils entouraient en partie la Mandchourie,

et la zone du chemin de fer était placée sous la surveillance du même homme qui devait, en outre,
protéger les Russes établis dans toute la région.
Pour tous, pour les Japonais comme pour les
Européens, la question de Mandchourie venait de
faire un pas en avant; et la Russie, qui savait ce
qu'elle désirait, semblait vouloir affirmer sa politique en Extrême-Orient. Quoi qu'on en ait pu dire,
la création d'une lieutenance impériale était un
avertissement aux Japonais, et comme le 8 octobre
était proche, époque fixée pour l'évacuation, on
pouvait penser déjà que cette évacuation n'aurait
jamais lieu.

On s'était demandé en Europe ce qui avait pu se
passer dans les conférences secrètes qui furent
données au printemps 1904 à Port-Arthur. Le
général Kouropatkine s'était longuement entretenu
avec l'amiral Alexéiev, les ministres de Russie,
accrédités en Chine, au Japon et en Corée, et avec
quelques autres personnages de moindre importance.
Le résultat des conférences avait été tenu caché; les
journaux russes n'y faisaient pas la moindre allusion
et nous étions plutôt trompés que renseignés par
des dépêches émanant tour à tour de source anglaise
et de source japonaise. La création de la lieutenance
nous fit comprendre une partie des projets qui
durent être discutés à Port-Arthur. Au Japon on

considéra la création de la lieutenance impériale comme une provocation; on supposa que, se sentant prête, la Russie avait tenu à le montrer. Malheureusement pour elle, à Tokyo, on était mieux renseigné qu'à Saint-Pétersbourg sur tout ce qui se passait en Mandchourie.

**
* **

Un nouveau fait sembla prouver que les Japonais avaient eu raison de s'émouvoir : le 8 octobre était arrivé et les Russes n'avaient pas évacué la Mandchourie; ils restaient sur place sans donner de raisons. Ils firent plus encore : ils avaient évacué Moukden au mois d'avril; leurs troupes, il est vrai, ne s'en étaient jamais beaucoup éloignées : tout à coup on apprit que Moukden subissait une réoccupation. Les Russes prétendirent avoir été amenés par la force des choses à réapparaître dans la ville chinoise. Les autorités russes avaient livré quelque temps auparavant, sur la demande des autorités chinoises, le commandant d'un détachement chinois, Liou, qui s'était mis au service et à la solde de la Russie. Liou était accusé d'avoir été auparavant le chef d'une bande khounkhouze : la chose était fort possible et Liou n'était qu'un aventurier.

Liou fut livré par les Russes sous la condition

expresse qu'il serait traduit devant un tribunal
régulièrement constitué. Les autorités chinoises
promirent tout ce qu'ils demandaient, leur seul
but étant de satisfaire leurs rancunes, et dès qu'ils
eurent Liou entre les mains, ils le firent décapiter
sans autre forme de procès. Les autorités russes
demandèrent satisfaction au gouvernement chinois
dans les cinq jours. Celui-ci exila le foudoutoune
Van, mais refusa de punir le taotaï Yuan : devant
cette réponse, l'amiral Alexéiev donna l'ordre de
réoccuper Moukden, où l'on envoya un détachement
de soldats russes amenant avec eux huit canons.

Au même moment, les Khounkhouzes faisaient
beaucoup parler d'eux : un de leurs chefs, Tou-li-
sane, était, disait-on, à la tête de 7 000 hommes; le
chiffre était un peu bien exagéré sans doute. Ce qui
était vrai, c'est que la disette qui régnait dans la
Chine méridionale avait provoqué un mouvement
d'émigration d'indigents en Mongolie et en Mandchourie, et tous ces malheureux s'étaient joints aux
Khounkhouzes. Dans un premier engagement, les
Russes eurent dix hommes mis hors de combat au
village de Baisiatsi, à 40 kilomètres de Moukden;
une seconde rencontre eut lieu : d'après les dépêches
publiées par les journaux russes, le lieutenant
impérial avait dû envoyer contre les brigands
environ 2 000 soldats.

****

Bien des gens en Europe cependant crurent encore, après ces événements, que la question de Mandchourie se résoudrait doucement, par le consentement universel; volontairement ou non, la politique russe avait fait tache d'huile sur la carte du monde : son but semblait atteint; elle laissait aller les choses, et le mot qu'une dépêche prêtait inexactement peut-être à l'Empereur résumait assez bien la situation.

« Je ne déclarerai pas la guerre au Japon; mais s'il vient me la faire, je l'attends ! »

Une guerre ne pouvait apporter au monde entier que des préoccupations et des difficultés nouvelles : personne, sauf le Japon, ne la souhaitait. L'Angleterre cherchait à mettre un frein aux ambitions de son allié, car elle avait plutôt intérêt à ce que le *statu quo* se maintînt et à ce que la question d'Extrême-Orient ne fut pas compliquée brutalement par une victoire de la Russie ou même du Japon. L'attaque ne pouvait venir que du Japon, et la guerre était toujours possible étant donné le caractère batailleur des Japonais.

La question de Mandchourie touchait non moins l'Angleterre que le Japon, mais ce dernier pays avait

conçu d'autres inquiétudes que les événements
semblaient expliquer. La Russie trouvait déjà que
Vladivostok et Dalny étaient bien loin l'un de l'autre
et que sa flotte avait besoin de nouveaux ports de
refuge sur le continent asiatique. Elle avait peu à
peu tourné les yeux vers la Corée.

La Russie avait reçu pour vingt ans en effet des
droits forestiers sur les rives coréennes du Yalou
et du Tioumène et dans l'île de Dayolet ; elle chercha
en 1903 à donner plus d'étendue et une signification
plus large aux droits qui avaient été accordés. Elle
voulait depuis longtemps construire un chemin de
fer stratégique jusqu'au Yalou, et, pour arriver à
ses fins, elle avait suivi la même politique qui
lui avait si bien réussi lors des négociations avec
la Chine au moment où fut décidé le Transmandchourien. Cette fois la concession du chemin de fer
de Séoul à Eui-jou était demandée par le baron
Gunzbourg, agent secret de la Russie. Les Japonais, émus par ces prétentions nouvelles, firent
manquer l'affaire ; un arrangement existait, dit-on,
depuis quelques années déjà, entre la Corée et le
Japon, donnant à ce dernier pays le droit d'être
préféré à tout autre lorsqu'il s'agirait de construire
un chemin de fer coréen. Les Russes ont cependant, l'an dernier, renouvelé secrètement leurs tentatives : il ne s'agissait que d'un chemin de fer

allant jusqu'à la frontière, mais on espérait bien le continuer ensuite jusqu'à Séoul; la Russie avait émis le désir que la concession ne soit jamais accordée à un autre pays qu'elle, et elle fit à diverses reprises comprendre à la Corée que, si elle avait besoin d'une nation étrangère, la Russie serait toujours heureuse de pouvoir lui rendre service.

Tout cela se passait doucement, car la politique russe répugne aux moyens trop bruyants : elle ressemble à un fleuve dont la courant est insensible, mais qui désagrège peu à peu d'énormes blocs et qui les emporte tout à coup : ceux qui ne se sont pas aperçus du travail souterrain exécuté sans fracas, restent tout étonnés devant les résultats.

Mais le Japon surveillait la Russie. Saint-Pétersbourg eut le tort de faire attendre trop longtemps sa réponse à Tokyo; ce retard servit de prétexte : le Japon voulait la guerre, et il la préparait; il a mis tout d'abord la main sur la Corée, et comme ses ambitions sont immenses, il ne voudra pas s'en tenir là.

CHAPITRE XI

LA GUERRE ACTUELLE

Les révoltes de Mandchourie. — La question du charbon. — Le Baïkal et le ravitaillement. — Intendance russe. — Les responsabilités. — Les préparatifs insuffisants. — Les pronostics.

Dès mon retour de voyage, dans mes articles et dans les conférences aux sociétés de géographie françaises, je disais que la guerre, si elle éclatait, ne pouvait s'engager que dans des conditions défavorables pour les Russes.

« Les Japonais ne vous déclareront pas la guerre, disais-je à des Russes, ils vous mettront en face d'un fait accompli ! »

Les journaux russes, qui me traitèrent de prophète de mauvais augure, ont répété le mot, lorsque l'attaque de Port-Arthur vint malheureusement me donner raison.

Les conditions défavorables aux Russes étaient

les suivantes : avant tout, l'armée russe était trop loin, le Transsibérien n'avait qu'une voie, la ligne du Baïkal n'était pas terminée, le ravitaillement devenait difficile, l'intendance militaire n'était pas bien organisée, enfin les deux grands ports russes étaient trop éloignés l'un de l'autre, et la flotte se trouvait forcément partagée en deux escadres, l'une ne pouvant jamais porter secours à l'autre. Les Japonais, au contraire, avaient des ports partout et partout aussi des dépôts de provisions et de charbon, ainsi que des points de ravitaillement.

On s'est demandé si la Mandchourie pouvait suffire pour nourrir une grande armée sur le pied de guerre. La Mandchourie est un pays riche, les céréales poussent dans le sud, le bétail est nombreux dans le nord, mais on peut penser que les Khounkhouzes soudoyés par les Japonais détruiront le plus souvent possible le bétail et les récoltes. Les Japonais, au contraire, ont en Corée du riz en abondance. La Corée achète au Tonkin beaucoup de riz, qui lui coûte peu cher, et elle vend le sien à un prix beaucoup plus élevé aux Japonais. Or le gouvernement japonais a annulé les contrats d'achats passés l'an dernier entre Japonais et Coréens et le riz est resté en Corée à la disposition du corps d'occupation.

Quant au charbon, on sait que le Japon n'en manque pas ; il n'en est pas de même pour les Russes, et les bateaux d'une flotte sur le pied de guerre en font une énorme consommation. Sans compter le bassin de Kouznetsk que l'on n'exploite pas malgré sa richesse, faute de voies de communications, et

DÉTACHEMENT COSAQUE EN MANDCHOURIE
(Photographie de M. Claudius Aulagnon).

dont les affleurements viennent jusqu'à la ligne du Transsibérien, il y a cinq centres d'exploitation de houillères en Sibérie :

1° A Tchéremkhovo près d'Irkoutsk, d'où l'on tira, en 1900, 160 000 000 de kilogrammes de combustible pour le chemin de fer ;

2° A Soudzenkovo ;

3° A Ekibastous ;

4° Au Souchane ;

5° A l'île de Sakhaline ;

Le bassin de Tchéremkhovo est encore de la plus grande utilité pour le Transsibérien et pour la navigation à vapeur sur les lacs et les fleuves, bien que le plus souvent les machines soient chauffées au bois.

Le centre houiller d'Ekibastous, près de l'Irtyche, est d'une richesse incomparable ; des prospections ont été faites en 1897, par le baron de Cathelin : une ligne de 40 kilomètres le relie au fleuve en face de la ville de Pavlodar. Ce charbon d'Ekibastous trouvera son écoulement dans l'Oural, où les mines exploitées et les usines sont aujourd'hui si nombreuses.

Quelle que soit leur importance, ces deux grands centres ne pourront guère jouer un rôle pendant la guerre, car ils sont trop éloignés de la Mandchourie : restent les houillères de Sakhaline et du Souchane. Celles de Sakhaline seront presque sans utilité : nous avons déjà dit que les capitaines aiment peu ce charbon, il est vrai qu'en temps de guerre il faut prendre ce que l'on trouve ; mais il faut reconnaître que le charbon arrivera difficilement à destination : les bateaux qui partiront de Vladivostok à Sakhaline seront immédiatement arrêtés par les Japonais maîtres de la mer.

Restent les mines du Souchane. Le plan d'exploitation de ces riches houillères, découvertes près du Souchane, dans l'Oussouri méridional, fut élaboré en 1900 par une commission spéciale. Une voie ferrée devait réunir les houillères à la baie de Vladivostok. Une loi du 8 juin a réservé au ministère de l'Agriculture le droit d'exploiter les gisements. On avait fixé les dépenses préliminaires pour la mise en œuvre à 2 400 000 roubles et les frais d'exploitation à raison d'une production moyenne de 96 millions de kilogr. à 500 000 roubles par an. On pensait que les capitaux de premier établissement seraient amortis dans un terme de seize ans et qu'alors la houille pourrait être livrée à 0 fr. 27 les 16 kilogrammes. Les houillères sont très riches et contiennent, d'après les évaluations les plus modérées, une centaine de millions de pouds de houille excellente (on sait qu'un poud russe correspond à seize kilogrammes). Elles suffiraient donc amplement à alimenter de combustible l'escadre russe du Pacifique, qui consomme par an, en temps de paix, un million de roubles de houille, fournie par le Japon.

C'était le messager officiel qui faisait l'an dernier ces constatations : il avouait donc que l'exploitation de la mine était trop peu avancée pour qu'elle puisse être utilisée en temps de guerre; on voit donc que si les Russes n'ont pas fait à Port-Arthur et à Vladivostok des provisions suffisantes, leur flotte se trouvera dans une position de plus en plus difficile. Il est vrai qu'il y a en Mandchourie les mines de Iantai où l'on peut prendre du charbon, mais Port-Arthur est investi et la voie ferrée du Kouantoung est détruite en plusieurs endroits. La question reste donc la suivante : quelle est l'importance des provisions faites pour la guerre. Quand on connaît le caractère russe, on ne peut pas oublier qu'en Russie, petits ou grands, personne n'aime à songer au lendemain.

*
**

Après la question du charbon, abordons-en une autre tout aussi importante. Combien d'hommes peut matériellement amener le Transsibérien : après avoir exagéré en trop, les Russes aujourd'hui sembleraient terriblement exagérer en moins. Le grand défaut du Transsibérien, c'est qu'il n'a qu'une voie et que le matériel n'est pas très nombreux, les trains qui amènent des soldats et du matériel doivent revenir jusqu'au lac Baïkal; les trains montants sont obligés d'attendre aux stations les trains descendants : de là sans doute un grand encombrement et des retards fréquents. Il est donc impossible de dire combien de soldats ou même de trains peuvent arriver par jour. C'est le transbordement du lac

Baïkal qui d'ailleurs a du causer les plus grands retards.

Le lac Baïkal est une véritable mer par ses dimensions, il est le neuvième lac du monde; son étendue est de 34 180 kilomètres carrés; le Baïkal est donc soixante-deux fois plus grand que le lac de Genève. La faune et la flore du lac sont encore mal connues : on lui attribuait jadis une profondeur de 470 mètres, aujourd'hui on a fait des sondages jusqu'à 2 000 mètres sous la direction du capitaine Drijenko. La longueur totale du lac est de 800 kilomètres, sa largeur ne dépasse jamais 100 kilomètres. En été les tempêtes y sont terribles et l'on a souvent à déplorer des accidents.

Le ministre des Voies et Communications fit construire à grands frais un bateau brise-glaces destiné à traverser le lac pendant l'hiver et à transporter sur la rive opposée les wagons, les marchandises et les voyageurs; mais, construit pour l'hiver, le bateau brise-glaces ne marche guère qu'en été; la couche de glaces a parfois jusqu'à trois ou quatre mètres d'épaisseur, et l'éperon du bateau, qui casse facilement une couche de plus d'un mètre, se brise contre un plus grand obstacle. La couche de glaces est d'ailleurs d'une inégale épaisseur : il y a même dans le nord quelques endroits qui ne gèlent pas. A cause de ses sources chaudes et du mouvement de ses eaux,

le lac résiste longtemps à l'hiver et le traînage n'y
est parfois établi que vers le 1er janvier.

Les rivières sont gelées depuis longtemps lorsque
le lac est pris par les glaces ; par contre, il s'en débar-
rasse très tard, et l'Angara est déjà libre de glaces
lorsqu'on franchit encore le Baïkal en traîneau. J'ai
traversé une fois le lac le 16 avril, le voyage n'était
pas encore trop pénible et, trois semaines plus tard,
les traîneaux marchaient encore : on comprend que,
dans ces conditions les retards soient forcément
nombreux. Les transports sont assurés l'été par le
bateau et l'hiver par les traîneaux; ils s'effectuent
toujours lentement. L'intérieur du bateau qui sert
au transport ressemble à une gare de chemin de fer :
à l'extrémité de la ligne, sur la rive même du lac,
un pont s'abaisse qui réunit la voie du Transsibérien
au bateau; le pont et le bateau sont munis de rails,
des manœuvres poussent les wagons un par un sur
le bateau qui doit les transporter jusqu'à la rive
opposée. Il n'y a donc pas l'été de déchargements
de marchandises sur les bords du lac Baïkal, mais il
y a toujours encombrement de wagons : le bateau
ne fait en effet qu'une traversée et demie par jour;
il transporte à chaque voyage vingt-sept wagons, ce
qui donne une moyenne quotidienne très insuffisante de quarante wagons transportés d'une rive à
l'autre; les brouillards et les tempêtes occasionnent

en outre beaucoup de retard, et, sur les deux rives,
les marchandises s'entassent et bien souvent s'abîment. En hiver, les difficultés sont plus grandes
encore, on est obligé de décharger les wagons et de
transporter les marchandises en traîneau. Quelques
ingénieurs, effrayés par les dépenses qu'occasionne-
rait la construction d'une voie ferrée autour du lac
Baïkal, avaient préconisé l'idée suivante : ils demandaient la construction immédiate de deux ou trois
nouveaux bateaux, mais ils ne supprimaient qu'une
partie des difficultés. Les trains, en effet, marchent en toute saison, tandis que la circulation
sur le lac est souvent complètement impossible en
mai et en décembre, à l'époque de la débâcle et de
la prise des glaces. L'arrêt de la circulation a été
pour les voyageurs, d'après les documents officiels,
de 18 jours pendant l'hiver 1900-1901, de 29 au
printemps 1901, de 4 seulement pendant l'hiver 1901-
1902, et de 8 au printemps suivant ; pour les marchandises l'arrêt fut chaque fois beaucoup plus long.

On peut tirer de ces faits des conséquences qui
malheureusement s'imposent : la mobilisation et le
ravitaillement ont été retardés pendant plusieurs
semaines peut-être. Le printemps de 1904 a-t-il été
aussi défavorable que celui de 1901 ? En mettant les
choses au mieux, il y eut sans doute un arrêt de
quinze jours pour les hommes et un arrêt plus long

encore pour le matériel. Cela n'est pas tout : n'oublions pas qu'au printemps les éboulements sont très fréquents sur les lignes de Transbaïkalie, et qu'en temps de paix, où la surveillance est plus facile, les retards causés par des accidents sont nombreux : qu'est-ce que ce sera alors en temps de guerre ?

On affirme qu'une partie de la ligne sera ouverte incessamment ; cette ligne est une succession d'ouvrages d'art de premier ordre. Les ingénieurs ont eu à vaincre toutes les difficultés que peut opposer la nature dans un pays montagneux et il ne leur a pas été possible, cette fois, de tourner, selon l'habitude russe, les obstacles rencontrés : il a fallu jeter des ponts hardis de rochers en rochers au-dessus de torrents et de précipices et percer de nombreux tunnels. La dépense totale est estimée à 53 625 745 roubles, soit par verste, c'est-à-dire par 1 067 mètres, 219 777 roubles, ce qui équivaut à peu près à 600 000 francs : aucune des autres sections du Transsibérien n'a coûté pareille somme.

	Total général.	Prix par verste.
Sibérie Occidentale	51 110 367	38 487
Sibérie Centrale	101 481 382	59 173
Taïga à Tomsk	2 573 198	28 912
Irkoutsk Baïkal	3 771 555	49 565
Baïkal-Sretensk	79 942 702	77 170
Karimski-frontière mandchoue	51 564 349	97 421
Ligne de Nikolski	8 113 987	73 527
Ligne de l'Oussouri	49 267 088	64 529
Ligne du Baïkal	53 625 796	219 772

Pendant le mois de mars dernier, le service a été facilité par une idée heureuse du prince Khilkof : un mouvement régulier de trains eut lieu sur les glaces par traction de chevaux, à partir du 3 mars dernier. On avait mis en doute la possibilité du travail qu'avait ordonné le ministre des Voies et Communications, on avait déclaré qu'il était fou de vouloir poser des rails sur la glace du lac. D'après les gens compétents, la voie provisoire, lorsqu'elle fut terminée, était d'une sécurité absolue. Les ingénieurs firent des expériences nombreuses et arrivèrent aux conclusions suivantes : la résistance des glaces était telle que, pour la briser, il fallait une pression de plus de 200 kilogrammes par pouce carré et, pour la mettre en pièces, une pression supérieure à 300. Cela posé, on a pu reconnaître que si la glace avait seulement une épaisseur d'un demi-archine, c'est-à-dire de 36 centimètres, un train pouvait sans danger être supporté par elle. Or la couche de glace qui couvrait en février le lac Baïkal avait une épaisseur le plus souvent très supérieure à ce chiffre, et qui atteignait même parfois quatre mètres. On pouvait donc facilement en conclure que la ligne sur la glace serait aussi solide que si elle avait été construite en terre ferme. Certains ingénieurs disaient même qu'on avait tort de se servir de chevaux, et que l'emploi de locomotives hâterait bien davantage encore le passage des troupes et du matériel. On n'osa pourtant pas en faire l'expérience.

Le danger réel ne provenait pas en effet du manque de solidité, mais des crevasses qui apparaissent parfois dans la glace : c'est un phénomène que je n'ai pas pu constater, mais qui a lieu souvent en Sibérie. On entend comme un coup de tonnerre souterrain, et une crevasse se forme dans la glace qui couvre le lac; parfois elle a un mètre de largeur. Les cochers des traîneaux, lorsqu'ils rencontrent pareille crevasse, excitent leurs chevaux par des cris, les lancent au triple galop, et leur font sauter l'obstacle au grand détriment des coudes et des reins des voyageurs. Pour assurer la solidité de la ligne il fallait combler la crevasse, dès qu'il s'en formait une, avec des morceaux de glace sur lesquels on versait de l'eau : au bout de peu de temps la glace avait repris sa solidité. Les gardiens de la ligne ont aussi à lutter contre le chasse-neige sibérien, qui fait tourbillonner la neige et qui la dépose en monceaux sur les routes et les voies ferrées; des déblayeurs travaillaient constamment.

A vrai dire, l'expérience tentée sur le Baïkal n'était pas nouvelle : elle avait réussi déjà quelques années auparavant à Saratov, en Russie même. Près de cette ville on établit en effet chaque année une voie provisoire sur la Volga pour relier la ligne de Moscou-

Saratov à celle d'Ouralsk : les deux gares sont sépa-
rées par le fleuve. On n'a pas encore construit de
pont à cet endroit sur la Volga et il n'est pas probable qu'on en construise de sitôt, car le pont devrait
avoir plus de quatre kilomètres de longueur. La voie
provisoire du Baïkal en avait près de 35. Elle n'a pu
rendre que momentanément des services, car, au
mois d'avril le dégel a commencé. Le dégel n'entrave
pas de suite la circulation : il y a de grandes flaques
d'eau à traverser çà et là, mais la couche de glace
n'en est pas moins très épaisse.

On a affirmé en Russie que la ligne qui contournera le lac sera terminée le 1ᵉʳ janvier 1905, et on
assure même qu'avant peu, au cours de l'été, la circulation sera possible sur la moitié de la ligne qui
suit la rive orientale du lac. Il est décidé qu'après
l'ouverture de cette voie, les troupes qui viendront de
Russie feront à pied les cent kilomètres (96 verstes)
qui séparent Irkoutsk de Koultouk, village situé
sur la rive méridionale du lac; ils trouveront là la
ligne nouvelle et des trains qui les conduiront, en
côtoyant le lac, jusqu'à la station d'où partent
actuellement les voyageurs de Mandchourie : il n'y
aura pas de transbordement. Les wagons et le matériel des troupes seront transportés par les bateaux,
et nous avons vu plus haut combien peu de wagons
peuvent être transportés par jour; on atteindra

peut-être une moyenne plus élevée, on n'arrivera
pas à un chiffre très important : et puis, quand on
veut trop se hâter, on fausse et on détériore les
moyens de transports et on provoque des accidents.
Admettons donc que les Russes puissent amener
18 000 hommes par mois, et je crois que nous aurons
la vérité. On avait parlé d'abord de 60 000, on assu-
rait que le prince Khilkof avait prononcé ce chiffre :
ce ne serait pas la première fois qu'un ministre se
serait trompé. On a dit ensuite 1000 hommes par
jour, ce ne serait pas impossible, mais il faut compter
avec les retards et les accidents : or, la Sibérie est
le pays des retards et souvent celui des accidents ;
et sans vouloir faire le prophête, on peut pourtant
annoncer que les accidents seront nombreux au
milieu du désordre inséparable de toute mobilisation. Sans doute les Russes pourront longtemps
amener des hommes, tant que leurs moyens le leur
permettront, mais, dès cette année, les Japonais
auront aussi leurs jeunes conscrits qui demandent
déjà, grisés par les victoires de leurs aînés, à entrer
en guerre contre les Russes. Beaucoup de temps se
passera donc avant que les Russes aient la supériorité du nombre ; qu'arrivera-t-il jusqu'à ce moment-
là ? Et si les Japonais sont toujours vainqueurs, que
feront les Chinois ? En ce moment, il est probable que
les troupes russes sont moins nombreuses qu'on ne le

dit, et que le nombre des hommes amenés depuis quelques mois n'est pas encore très considérable.

****

J'ai reçu nombre de lettres à ce sujet d'Irkoutsk et de Mandchourie : toutes prouvent combien on a été surpris et combien peu on était prêt. Toutes ces lettres se ressemblent, on me répète toujours la même chose : il arrive douze trains par jour à Irkoutsk; les accidents sont fréquents; les Japonais ont des espions partout sur la ligne. Chose étonnante en Russie, on a dû réprimer en Asie russe des cas d'insubordination relativement assez nombreux et il y a eu à Irkoutsk plusieurs exécutions sommaires. Le mouvement est dirigé par des révolutionnaires qui, malgré la surveillance la plus scrupuleuse, font pénétrer leurs écrits dans les casernes et les régiments : on y déclare que la cause russe est inhumaine et ridicule, on y affirme que le Japon a le droit pour lui, on y excite les hommes à refuser l'obéissance, à jeter les armes, ou à ne s'en servir que contre les officiers.

Malgre tout, l'état des troupes est bon, et si le soldat russe est peut-être moins brillant que le soldat japonais, il est plus tenace et aussi courageux. Les dépôts de provisions, de fourrages et de

munitions sont concentrés sur les derrières de
l'armée avec le gros de l'intendance militaire. Or
les voies de communications, sont au moment des
pluies, dans un état pitoyable, — elles ne sont
jamais bonnes d'ailleurs; — l'approvisionnement de
l'armée est donc chose difficile et l'avant-garde est
forcée de s'occuper elle-même de trouver pâture
comme elle peut. On sait ce que sont des soldats
affamés : ils font main-basse sur tout, ils mangent
tout ce qu'ils trouvent, même les choses malsaines
qui les rendent malades, et quand ils traversent des
régions riches, ils gâchent et gaspillent les provisions
sans penser à ceux qui les suivent, et qui arriveront
le lendemain, affamés eux aussi.

On a proposé d'envoyer dans l'avant-garde
quelques employés de l'intendance qui feraient le
relevé des ressources du pays et prendraient pour le
ravitaillement rationnel de l'armée les dispositions
nécessaires. Reste à savoir ce qu'en temps de guerre,
et surtout dans un pays tel que la Mandchourie, on
peut faire de rationnel. L'armée, d'ailleurs, est comme
toujours entre les mains de soumissionnaires; on
sait que certains fournisseurs de l'armée profitent
de la guerre pour faire des fortunes scandaleuses :
cela s'est passé ainsi chez nous, des faits du même
genre sont restés célèbres en Russie et on raconte
encore avec indignation ce qu'ont fait les four-

nisseurs à Sévastopol ; d'après les renseignements
qui nous arrivent, ce qui a lieu en Mandchourie
dépasse tout ce qu'on peut imaginer : la concussion
règne en souveraine maîtresse ; le désordre est d'ail-

HALAGE DES BACS

leurs un des pires défauts russes, les grands chefs
sont toujours trop loin pour pouvoir tout surveiller, enfin ces grands chefs sont trop nombreux.
L'amiral Alexéiev correspond directement avec l'Empereur et a le haut commandement, mais le général
Kouropatkine a aussi le haut commandement et
correspond avec l'Empereur ; il en était de même pour
l'amiral Makharov, il en sera de même pour l'amiral
Srydlov ; il y avait aussi les jeunes grands-ducs :

16

l'accord n'est pas parfait, nous le savons par les
dépêches. Il est évident que l'amiral Alexéiev et le
général Kouropatkine ne peuvent pas avoir l'un pour
l'autre une bien grande sympathie. L'amiral, depuis
longtemps, demandait des troupes à Saint-Pétersbourg; le général, après son voyage en Extrême-
Orient, revenu au ministère de la Guerre, persuadé
que la guerre n'aurait pas lieu, s'y opposait formel-
lement. Alexéiev peut prouver aujourd'hui qu'il avait
raison contre son rival et ce sont là des choses que
l'ex-ministre de la guerre n'aime pas à constater.
Depuis longtemps déjà, Kouropatkine passait pour
un héros et tout le monde avait été d'accord pour
qu'il soit nommé ministre de la Guerre; il n'a guère
réussi dans cette fonction difficile et on ajoute même
que le général Dragomirov a blâmé l'envoi de
Kouropatkine en Extrême-Orient. Quand l'avenir
aura réparti les responsabilités de chacun, l'opinion
russe gardera justement rigueur aux hommes qui
auront mal accompli leur tâche; elle se demande
déjà comment tant d'argent a pu être dépensé en
Asie, car il ne s'agit pas seulement de centaines de
millions, mais de milliards, sans que l'on eût en
Extrême-Orient une flotte et une armée capables de
défendre l'œuvre qu'on avait accomplie. On n'était
donc pas outillé, on n'avait donc pas de plan, on
n'avait donc rien vu, rien prévu, les événements

actuels sembleraient le prouver ; quand on compare
aujourd'hui les dépenses aux résultats, on s'aperçoit
que ceux-ci sont loin d'être ce qu'on était en droit
d'attendre, et que celles-là ont été faites en pure
perte, puisque tout peut être compromis demain et
l'œuvre détruite au moment même où on la croyait
achevée. Les premiers coupables seraient-ils les diplomates russes d'Extrême-Orient. C'était avant tout à
eux de prévenir le ministère des Affaires étrangères
et d'annoncer les préparatifs que faisait le Japon :
il semble à tous incompréhensible que l'œuvre formidable entreprise par les Russes n'ait pas été mieux
défendue. Mais il ne faut pas en conclure comme tant
de journaux semblent tentés de le faire : nul doute
que sur une autre frontière la Russie ne soit mieux
préparée à toutes les éventualités.

*
* *

Malgré tous ces reproches, malgré la position difficile où se trouvent aujourd'hui l'armée et la flotte
de Russie, il semble probable que la victoire restera
finalement au tsar. Une grande responsabilité reste
pourtant à la Russie et cette responsabilité incombe
non seulement à elle, mais à l'Angleterre et aux
États-Unis. La Russie, qui n'était pas prête, a rendu,
en entrant en lutte dans de telles conditions, plus

menaçant le péril jaune, dont on commence avec raison à ne plus rire en Europe. Son prestige a été atteint, car bien des gens, aujourd'hui encore, n'ont plus confiance en elle et se figurent qu'elle sera battue. L'histoire pourtant nous apprend que lorsque les Russes se mettent en campagne, si le commencement d'une guerre est toujours difficile et malheureux, l'issue en est pourtant presque toujours favorable.

L'opinion en France, s'est montrée presque unanime : elle a pris parti pour la Russie. On nous a reproché presque toujours de sacrifier nos intérêts et notre politique à des questions de sentiment : cette fois, on peut l'affirmer, nos intérêts et nos sentiments sont d'accord, et nous avons raison contre une grande partie du monde. Il ne faut pas en effet se le dissimuler, l'opinion populaire dans les pays étrangers est pour le Japon : en Italie, sauf quelques intellectuels et quelques marins, on semble acquis à l'empire du Soleil-Levant, les Allemands sont partagés en deux camps et depuis quelque temps la politique de certains pays est bien changée.

L'Angleterre et les États-Unis ont soutenu tout d'abord le Japon : c'est la nation alliée qui aujourd'hui se montre la plus froide. L'Angleterre s'est trompée en faisant alliance avec le Japon et, plus que toute autre nation, elle craint aujourd'hui le péril jaune, qui peut l'atteindre gravement. La vic-

toire du Japon lui semble moins désirable que
jadis, en admettant qu'elle l'ait souhaitée autrefois;
elle joue de malheur depuis quelques années et
l'alliance japonaise n'a pas été pour elle une victoire.
Elle ne l'a faite, après la campagne si difficile du
Transvaal, que dans la crainte de voir une entente
cordiale s'établir entre le Japon d'une part, la
France et la Russie d'autre part. Aujourd'hui elle
voit plus clair dans l'avenir : elle pouvait se réjouir
à la pensée que sa pire ennemie et son meilleur ami
allaient s'affaiblir l'un et l'autre, elle ne souhaitait
une victoire complète ni pour l'une ni pour l'autre.
Elle voit maintenant jusqu'où pourrait l'entraîner
une politique qu'elle ne désapprouve pas encore,
mais qu'elle n'approuve plus tout à fait, et nous
lisons dans les journaux qui ont été les grands
partisans du Japon des mots comme ceux-ci : « Se
réjouir des succès du Japon, c'est faire preuve de peu
de sagesse et de peu de prévoyance. » Des étudiants
venus des Indes étudient à l'Université de Tokyo et
l'Angleterre ne peut admettre les leçons qu'on leur
donne. Elle a pourtant une grosse responsabilité,
car en s'alliant avec le Japon, elle lui a donné l'idée
qu'il pouvait tout faire et tout oser.

Les États-Unis, qui soutiennent de leurs deniers
la politique japonaise, ne voient pas encore les conséquences de leur politique. Ils méprisaient pour-

tant jadis les Japonais qu'ils accusaient de mauvaise foi commerciale : mais le raisonnement n'est pas la qualité dominante des Américains, qui se réjouissent simplement de voir la vieille Europe humiliée dans la personne de la Russie.

La vieille Europe est pourtant aussi la glorieuse Europe ; elle a été l'éducatrice du monde. Dans la lutte qui vient de s'engager en défendant ses intérêts, la Russie défend aussi les nôtres. Anglais ou Allemands, Slaves ou Latins, nous devons avoir la même politique. On nous a dépeint ce que serait l'Asie dans les mains des Russes ; que serait-elle dans celle des Japonais si jamais ils remportaient la victoire : les ambitions russes ne sont rien à côté de celles du Japon qui rêve la rénovation de l'Asie par les jaunes. Souhaitons que la Russie soit victorieuse, comme il est probable qu'elle le sera, tout en blâmant ses ambitions et constatant ses fautes, admirons le courage et la confiance du peuple russe qui, malgré ses défaites, croit toujours marcher à la victoire.

La ligne du Baïkal a été inaugurée entre les deux premières éditions du présent volume.

CHAPITRE XII

LA GUERRE ET LE COMMERCE FRANÇAIS

Et nous? — L'extension possible du commerce français. — Ce
que nous aurions dû faire et ce que nous n'avons pas fait. —
Les malentendus franco-sibériens. — La guerre doit être
pour nous une leçon.

ET nous? Telle est la question que bien des Français se sont posée au moment où la guérre a
éclaté? Quel sera notre rôle et que devons-nous
faire? Pour la première fois, il me semble, notre
intérêt est d'accord avec nos sentiments. Un certain nombre de Français reprochent à l'alliance
russe de ne nous avoir rien donné : les rêves qu'ils
avaient formés n'ont pas été réalisés, ils avaient
attendu de l'alliance ce qu'elle ne pouvait pas leur
apporter. Ce n'est pas l'impossible qu'il faut espérer,
nous devons simplement chercher quelles conséquences, bonnes pour nous, nous pourrions tirer
de l'alliance russe. Elle a été malheureusement

jusqu'ici un instrument dont nous n'avons pas
su jouer et nous aurions dû en tirer pour nous,
en Asie, des avantages auxquels nous n'avons pas
songé.

Pendant l'année qui vient de s'écouler, près de
huit cents bateaux, nous l'avons vu, sont entrés dans
le nouveau port de Dalny que la Russie venait seulement d'ouvrir au commerce. Beaucoup de pavillons
européens y ont déployé leurs couleurs : le drapeau
français ne s'y est pas montré. Il n'a pas paru
depuis bientôt quinze ans dans le port si fréquenté
de Vladivostok; il est à peu près inconnu en Corée
et on ne le verrait pas au Japon, si les Messageries
n'avaient en ce pays à Yokohama leur point terminus.
Hélas! il faut bien le constater une fois de plus, que
ce soit en Sibérie orientale ou en Mandchourie, en
Corée ou même au Japon, ce n'est plus réellement
par les grandes puissances, mais par des nations de
second ordre, que nous sommes battus, et une statistique qui concerne Formose nous mettait l'an dernier, au point de vue du commerce avec ce pays, dans
un des derniers rangs, tout juste après la Turquie.
Beaucoup de Français qui s'inquiétaient de ce
lamentable état de choses espèrent que l'avenir y
remédiera, ils le souhaitent quand ils ne l'espèrent
pas ; mais pour réussir dans une région où naissent
chaque jour des concurrents nouveaux, il ne suffit

pas d'espérer, il faut agir comme savaient si bien le faire les Français d'autrefois. Un pays ne compte plus dans le monde que par le commerce qu'il y fait. Comment développer le nôtre dans le pays occupé par les Russes? pourquoi notre infériorité? n'est-il pas possible d'y remédier?

Pour arriver à un résultat, il faudra faire en Asie russe de grands efforts et peut-être dépenser des sommes d'argent considérables; on aurait tort de croire qu'il suffit à un Français de paraître pour remporter la victoire. Les commencements de toute entreprise sont difficiles, il faut compter avec le client, avec les habitudes du pays, avec la routine surtout. Le marchand de Sibérie Orientale est fidèle à ses anciens fournisseurs, il a été souvent trompé, il est devenu soupçonneux et méfiant : on devra donc gagner sa confiance par une volonté opiniâtre et par une scrupuleuse honnêteté. Ceux de nos compatriotes qui ont fondé tour à tour des comptoirs en Sibérie — je fais pourtant exception pour les derniers — se sont trompés. Ils habitaient plus souvent Paris que Tomsk, Irkoutsk ou Vladivostok et se faisaient représenter par des gens qui les volaient et compromettaient le bon renom du commerce français : or les Sibériens ont la mémoire longue et ils le prouvent volontiers; d'ailleurs, découragés par des résultats dont ils étaient en partie responsables, nos compatriotes ont abandonné la partie mal engagée, avant même de l'avoir perdue; ils n'avaient d'ailleurs pas toujours trouvé à Paris les capitaux nécessaires pour les soutenir et pour permettre à leurs affaires de prospérer et de se développer. Tous les torts ne venaient pas d'eux.

Les voyageurs spécialistes de la Sibérie ont le devoir de dire qu'aujourd'hui le temps presse et que c'est l'heure où jamais pour les commerçants sérieux de chercher à s'établir en Asie. Les importations anglaises, allemandes et américaines augmentent chaque année et un grand commerce d'exportation est à la veille de commencer; mais, on ne saurait trop le répéter, pour réussir en Sibérie, il faut vivre sur les lieux à l'affût des occasions. Bien des places sont prises et si les Français attendent trop longtemps, d'autres auront définitivement gagné la confiance des marchands sibériens quand les retardataires arriveront. Ceux qui s'établiront en Asie pour y représenter notre commerce devront lutter patiemment par un travail assidu et par un long séjour dans la ville qu'ils auront choisie; la récompense de leurs efforts ne se fera pas attendre aussi longtemps qu'ils pourraient le croire tout d'abord. Quel est d'ailleurs le pays où l'on réussit sans effort? Le succès console de toutes les peines et ce sont les longues couvées qui toujours préparent les grands essors.

Pour comprendre l'importance du nouveau marché, dont grâce au chemin de fer s'occupe le monde entier, il faut se remémorer l'histoire de l'Asie russe, hier inconnue et inexplorée. Dès que la colonisation a commencé on a pu prévoir quelle serait l'importance du marché, et des débouchés nouveaux se sont ouverts au commerce de toutes les nations étrangères. Nous avons vu déjà que 200 000 paysans traversaient chaque année les monts Ourals. Leur arrivée a coïncidé avec celle des ouvriers des mines, elle a fait naître en Sibérie des industries nouvelles : on a vu se fonder partout des briqueteries, des minoteries, des huileries, des selleries, des scieries, des tanneries; des fabriques de chandelle et de savon ont apparu; l'industrie des cuirs s'est développée; le commerce des tapis a pris de l'extension. Toutes ces fabriques sont en nombre très restreint et ne suffisent pas pour entretenir tous les habitants; la population progresse, car les paysans ont toujours beaucoup d'enfants. Les émigrants n'apportent rien avec eux, ils ont tout à acheter dès leur arrivée. Leur exemple donne aux indigènes des besoins nouveaux; les vendeurs peuvent donc se rendre hardiment en Asie russe : l'écoulement de leurs marchandises, comestibles, outils, instruments, est assuré d'avance. Pourquoi les Français manquent-ils presque à l'appel, et quelle raison valable peut-on donner de leur abstention? On croit généralement en France que la bonne entente qui règne entre les gouvernements des deux nations amies et alliées a dû donner à notre commerce une occasion unique de se développer en territoire russe : cela devrait être, cela pourrait être, mais, en fait, cela n'est pas. Les fabricants français ont été très peu entreprenants, et les voyageurs chargés de les représenter sont moins nombreux que les concurrents étrangers. Encore se sont-ils contentés pour la plupart de faire de temps en temps de courtes apparitions sans se donner la peine d'apprendre la langue russe et d'étudier la vie sibérienne, les exigences et les besoins des habitants, le caractère et les habitudes de leurs clients. Le résultat a donc été déplorable à tous les points de vue, ils n'ont pas réussi dans leur entreprise et ceux qui leur succéderont auront une tâche plus difficile encore, car ils auront à vaincre la confiance des marchands aujourd'hui ébranlée. En un mot, au lieu de progresser, le commerce français est resté stationnaire, il a même perdu dans certaines villes un peu de la mince importance qu'il avait eue auparavant.

Il est un seul point sur lequel les marchands sibériens, les représentants français et les maisons pour lesquelles ils voyagent sont toujours d'accord :

ils disent tous tout le mal possible les uns des autres. Nul ne veut faire son propre examen de conscience et ne se demande s'il peut y avoir d'autres fautes que celles qu'on reproche à son prochain. Au lieu de chercher à éclaircir ou à supprimer les malentendus, ils semblent vouloir les compliquer et les multiplier à plaisir.

Admettons cependant que tous les reproches qu'adressent aux Sibériens nos voyageurs soient fondés : il n'en est pas moins vrai que ces derniers ont le tort de les exprimer trop haut et qu'en parlant ainsi ils se montrent à la fois maladroits et imprévoyants, car un vendeur doit être avant tout souple et résigné à supporter tous les caprices de son client. Son rôle est tout de diplomatie, il a grand intérêt à séduire l'acheteur et à le décider à traiter. Qu'importe d'ailleurs au Sibérien la nationalité des vendeurs, puisque ceux-ci sont très nombreux ; si le Français se montre trop nerveux, l'Allemand viendra le lendemain, et, plus patient, il saura mieux s'y prendre que son concurrent. Rien en tout cela que de très naturel, et chacun joue son rôle comme il convient ; ou plutôt, je me trompe, le Français seul le joue mal et on pourra lui dire que s'il ne se plie pas aux exigences et aux difficultés du commerce, c'est qu'il ne connaît pas son métier.

Les griefs des représentants français s'adressent,

non seulement aux marchands sibériens, mais aussi
aux maisons de France qu'ils représentent. Ils
reprochent aux fabricants français leur indifférence,
leur manque de parole et de confiance. Ils disent
qu'il est très difficile de les décider à confier leur
représentation à un voyageur français partant pour
la Sibérie; certains d'entre eux préfèrent les inter-
médiaires allemands à leurs compatriotes et il est
vrai qu'à Irkoutsk une maison allemande vend tel
article à un prix auquel un représentant français ne
pourrait jamais le livrer. Des marchands sibériens
m'ont affirmé que les marchandises reçues de Paris
sont parfois inférieures en qualité aux échantillons
préalablement montrés; enfin j'ai vu un représentant français qui, revenant en Sibérie après quinze
mois d'absence, constatait qu'une grande maison
n'avait pas encore envoyé les commandes faites
par lui au cours de son précédent voyage. Il est évident que le voyageur aurait pu, aurait dû surveiller
l'envoi pendant son séjour à Paris, mais la maison,
une grande maison parisienne n'en était pas moins
répréhensible. Le voyageur, d'ailleurs, l'a crié très
haut : c'était bien l'habitude des fabricants français, leurs affaires vont bien en France, pourquoi
donc tenter le diable en Sibérie? Le raisonnement
des marchands sibériens qui entendaient ces réflexions fut alors simple et naturel, ils se dirent :

« Si ces gens-là sont trop riches pour avoir des égards pour nous, nous serions bien bêtes de chercher à nouer des relations avec eux. »

Un des plus grands et des plus riches marchands de Tomsk se dit un jour :

« En France, les quelques maisons qui noûs servent bien, portent des noms juifs ou allemands? Il y a des Allemands plus près de nous et des Israélites partout! »

A Vladivostok, devant moi et devant d'autres témoins, un voyageur français déclarait que son rêve était de représenter désormais les maisons de Londres ou de Berlin, celles de Paris ne pouvant plus convenir à un homme sérieux. Je ne dirai pas ce que je pense d'un Français qui s'exprime ainsi; mais j'ajouterai que les voyageurs aiment trop à parler à l'étranger comme en France, et si, en France, on sait remettre au point les opinions qu'il émet, on croit à l'étranger que tout ce qu'il raconte est la vérité; ses concurrents s'en font au besoin une arme contre lui et pour avoir le plaisir de dire plus ou moins spirituellement une boutade, il se fait tort à lui-même, à la maison qu'il représente et à son pays dont il dessert maladroitement les intérêts. Que de choses on m'a ainsi répétées en Sibérie! Certes les voyageurs qui les avaient dites n'en avaient pas calculé les conséquences, mais les Sibériens qui les écoutaient avaient pris au sérieux toutes leurs plaisanteries.

Les voyageurs qui exportent tant de choses excellentes qu'ils veulent laisser à l'étranger, devraient se souvenir que la blague parisienne n'est pas article d'exportation.

Un grand tort commun à bien des Français venus en Sibérie pour des entreprises industrielles est de croire que leur nationalité impose aux gens avec qui ils veulent nouer des relations; mais la Russie n'est pas semblable à la France, où l'on s'est montré parfois plus Russes que les Russes eux-mêmes. Ceux-ci sont des nationalistes convaincus et ils se montrent ensuite volontiers français, s'ils en ont le temps ou s'ils y trouvent leur intérêt; la première impression des représentants de nos maisons de commerce, impression qu'ils ne cachent pas toujours assez, est entièrerement faite de désillusions.

Les autres griefs des voyageurs contre les marchands sibériens, ont trait aux marchands eux-mêmes, à la douane et aux autorités. On reproche à la douane de frapper de droits exorbitants les articles venus de l'étranger : chaque pays a pourtant la liberté de choisir ses tarifs douaniers et parfois le devoir de protéger ses industries naissantes contre la concurrence de voisins plus habiles ou mieux outillés. On aurait bien tort par conséquent de critiquer l'action de la Russie, d'autant plus que les récriminations ne simplifieront pas la question. On pourrait tout au plus souhaiter que le gouvernement français, profitant des circonstances présentes, cherchât à obtenir de la Russie un traitement de faveur pour certains objets spécialement fabriqués en France.

Si dures et si tracassières que soient les exigences douanières, elles sont pourtant les mêmes pour tous : Anglais et Allemands, Français et Américains nous passons sous les mêmes fourches caudines, nous sommes soumis aux mêmes lois, nous engageons entre nous la lutte dans des conditions également défavorables, et puisque nos concurrents gagnent de l'argent, il n'y a pas de raisons pour que seuls nous en perdions. Et, je le répète, la Russie, en cela, use d'un droit qui n'est pas contestable.

C'est très rapidement qu'il faut parler des reproches faits aux autorités : on dit que certains fonctionnaires ne sont, en Sibérie Orientale, favorables aux entreprises étrangères que lorsqu'on leur a témoigné tout d'abord, de façon très sonnante, la reconnaissance qu'on aura de leur amabilité. Ce sont là de vilaines choses qu'il vaudrait mieux passer sous silence, et j'aime à croire que tous les ingénieurs et tous les maîtres de police ne sont pas aussi coupables qu'on le dit. Je sais que les Russes tout les

premiers racontent à ce sujet de nombreuses et
scandaleuses histoires, bien faites pour dissiper les
illusions de ceux qui désireraient en conserver. Si ces
propos sont vrais, les étrangers sont là encore sur
un pied d'égalité, et les voyageurs auraient tort de
vouloir trop parler. Les Allemands, par exemple,
n'en disent rien et sont en cela bien avisés. Un
Américain, qui m'avait cité quelques faits, me disait
philosophiquement :

« Ce sont des mœurs connues et acceptées de tous,
et dans notre métier de commerçant, le pot-de-vin
n'est pas dégradant pour celui qui l'offre, mais pour
celui qui le reçoit. »

Laissons ce sujet et voyons les reproches faits aux
marchands sibériens : ils auraient une idée fausse
du commerce, manqueraient de confiance dans
l'étranger, seraient routiniers et mauvais payeurs.

Je l'ai déjà dit plus haut, le vendeur doit se plier
aux exigences de son client, s'habituer à ses idées et
chercher à se les assimiler. Pourquoi la façon sibérienne d'entendre le commerce ne serait-elle pas la
bonne, en Sibérie du moins? Autant de pays, autant
de mœurs différentes, autant de façons de trafiquer.
Nous pouvons nous tromper nous aussi, on nous
répète que nos fabricants sont habiles et leurs représentants aussi. Pourquoi sommes-nous donc battus
en Sibérie? Si encore ce fait était spécial à la Sibérie,

l'explication serait admissible, mais le fait, hélas! se produit dans presque tous les pays : il y a donc chez nous quelque chose de défectueux et de repréhensible.

Le manque de confiance des Sibériens est explicable : ils ont été trompés si souvent! Ils ont des fournisseurs à Moscou et à Varsovie, ils en sont contents et ne veulent pas les quitter. Ils sont en effet très routiniers et fidèles aux vieilles marques aujourd'hui dépréciées, mais que vendaient leurs pères. Il est difficile de leur prouver l'excellence des articles similaires, mais plus modernes : il faut les griser bien souvent pour leur prouver que le vin d'une marque nouvelle est supérieur à celui qu'ils vendent habituellement. Le client, disent-ils, ne la demande pas : pourquoi l'achèterions-nous?

C'est évident, mais le client la demandera peut-être quand il la connaîtra. Pour engager une affaire en Sibérie, il faut que le vin coule souvent et long-temps : le voyageur dit avoir la tête forte et l'estomac solide pour résister aux soupers sibériens.

Le dernier reproche est grave et, je dois le dire, justifié; le marchand d'Asie russe n'est pas toujours un excellent payeur, on se trompe parfois sur sa solvabilité et il demande souvent un crédit assez long. Il y a dans les grandes villes de l'empire de grosses fortunes, mais il n'y a pas de fortune qui résiste à certains appétits, et il ne faut pas oublier qu'en

Russie on dépense l'argent pour lequel on a le plus grand mépris aussi facilement qu'on le gagne. L'épargne est rarement une qualité russe; le marchand français souvent compte trop pendant que le Russe ne compte pas assez. Chaque fois que je suis allé en Sibérie, j'ai appris la ruine de quelques commerçants dont on m'avait précédemment vanté le crédit. L'année 1900 a été très fatale à la Sibérie Orientale. Il a suffi que pendant la guerre de Chine, le thé ne passât pas par Kiakhta pour que de grosses maisons fissent banqueroute : les banques elles-mêmes s'étaient trompées sur leur solidité, les marchands ruinés avaient toujours vécu largement au jour le jour, le crédit dont ils jouissaient était un trompe-l'œil, et leurs maisons, toutes en façade, étaient à la merci d'une seule échéance. Il y avait là certes de quoi effrayer les vendeurs.

Qu'on ne dise pas aussi la phrase habituelle : Les produits français sont trop chers et les étrangers n'achètent plus que de la camelote. Mais si s'était vrai, pourquoi ne faisons-nous pas aussi l'article à bon marché? Quoi! pendant que les autres pays augmentent chaque année leurs exportations, nous restons stationnaires parce que nous sommes trop habiles ou trop artistes, parce que nous travaillons trop bien! Quelle dérision et quel raisonnement enfantin! Et aussi quelle consolation de nous dire :

Nous ne vendons pas nos articles, mais ils sont mieux faits que ceux des autres! Comme si nos articles de luxe n'étaient pas appréciés en Russie d'Asie comme en Russie d'Europe, où tant de gens achètent facilement et sans s'occuper du prix. D'ailleurs le directeur d'une maison allemande d'Irkoutsk me disait :

« Je tiens des articles de presque tous les pays d'Europe, mais c'est avec quelques marques française que je fais le plus d'argent! »

Il y a donc beaucoup à faire en Sibérie, même pour le commerce français, et ce sont nos concurrents qui sont obligés de l'avouer.

Les Sibériens qui me liraient pourraient m'accuser de parler trop des griefs des voyageurs et pas assez des leurs : j'y arrive donc. Ils reprochent avant tout aux commerçants français de n'être pas sérieux, et, en fait, ils sont payés, ou pour mieux dire, ils ont payé pour le savoir. Trop de gens sont allés en Sibérie ne connaissant pas la langue russe et se faisant accompagner d'interprètes trouvés on ne sait où et on ne sait comment. Ils étaient incapables de renseigner les acheteurs de façon précise sur les droits de douane qu'ils avaient négligé d'étudier. Enfin ils ont souvent livré des articles autres que ceux qui avaient été commandés. Les objets parfois arrivaient avariés et les destinataires ont dû faire des frais sans nombre ; d'autres fois, les marchandises n'arrivaient pas. Les voyageurs, d'ailleurs, parcouraient le pays en quelques semaines et s'arrêtaient à peine quinze jours dans chaque grande ville. On avait à peine le temps de les connaître et les gens sérieux n'osaient même pas leur faire de commandes. Seuls, les marchands dont la situation commerciale était douteuse se risquaient à leur demander parfois des vins et autres produits, quittes à ne pas payer les articles reçus. Le voyageur, lorsqu'il avait pris quelques commandes, se décidait à retourner en France et laissait parfois la direction des affaires en Sibérie à l'intermédiaire de moralité douteuse qu'il avait eu l'imprudence d'engager. Celui-ci, en général, volait son patron et les clients de ce dernier, puis mettait les clefs sous la porte. C'est ce qui s'est passé chaque année depuis que je voyage en Sibérie.

Les résultats de ces tristes histoires sont malheureusement les suivants : la confiance dans le marchand français est presque perdue et les Sibériens acceptent les produits de notre pays quand ils leur sont offerts par un étranger.

Je ne comprends pas dans mes appréciations, qui ne sont pas sévères, mais justes, tous les voyageurs que j'ai connus en Asie. Il y en a qui ont eu à lutter contre la malchance et qui n'étaient pas armés pour la lutte ; les maisons intéressées à les soutenir ne les soutenaient pas et ils s'étaient embarqués pour la Sibérie sans rien connaître de ce vaste pays ni de ses habitants. Ils en sont partis ignorants comme ils l'étaient auparavant.

Une maison s'est pourtant ouverte enfin, après l'Exposition, à Irkoustk ; les directeurs connaissent bien la Russie : ils ont ouvert à Vladivostok et à Port-Arthur des succursales et il faut de grand cœur leur souhaiter bonne chance, en regrettant qu'il n'y ait pas dans d'autres villes des entreprises françaises à qui on puisse envoyer le même vœu.

Si l'étude qu'on vient de lire n'a pas trahi ma pensée, le lecteur a pu comprendre clairement que la Sibérie est un marché qui s'ouvre à toutes les convoitises, et que nous ne saurions nous en désintéresser. J'ai dit ce qu'aurait dû être notre rôle ; reste à savoir par quels moyens nous pourrions racheter nos erreurs et rattraper le temps perdu.

En fait, notre situation n'est pas désespérée, et puisqu'une bonne partie des fautes commises nous est imputable, il est facile en nous corrigeant de changer à la fois de conduite et d'attitude. La première condition pour un commerçant est d'apprendre à parler la langue du pays. Croit-on qu'un Russe ignorant le français réussirait jamais à faire quelques affaires dans nos villes de province ?

Surtout, pas d'intermédiaires-interprètes : l'expérience a prouvé combien ils étaient dangereux, tous gens besogneux et avides, prêts à faire tous les métiers, gens exilés pour de sales histoires, hommes d'affaires en rupture d'honnêteté ou même forçats munis de faux papiers. J'ai connu près de nos voyageurs un exemplaire de chacune de ces tristes espèces. Les moins malhonnêtes se contentaient de vendre à des prix majorés ou travaillaient en sous main à supplanter le voyageur qui ne comprenait ni pourquoi ni comment.

Tout représentant de maisons françaises devra donc vivre parmi les Sibériens, et gagner ou forcer leur confiance. Un Allemand a réussi en agissant ainsi. Il a appris le russe en se faisant connaître et estimer par les commerçants, vivant en un mot au milieu et dans l'intimité de sa future clientèle. Soutenu par une grande maison de Hambourg, il a tenté enfin quelques affaires ; la première année fut mauvaise, mais il avait compris que l'opiniâtreté était la meilleure arme contre les marchands sibériens ; la seconde année comblait son déficit de l'année précédente et il ne se plaignait plus de la troisième. Il est aujourd'hui connu parce qu'il a su habilement s'y prendre et son opinion sur la clientèle est tout autre que celle des voyageurs français.

« Les affaires sont difficiles, me disait-il, les mar-

chands sont routiniers, mais quand on sait le prendre, le Sibérien est bon enfant. »

Il est un autre fait sur lequel on ne saurait trop
s'appesantir. L'exemple des Belges est là pour en
prouver l'importance. Il faudra que les fabricants
se décident à fonder des magasins-dépôts dans les
villes de la Sibérie : ils ne feront plus concurrence
aux marchands, ils seront leurs fournisseurs. Les
acheteurs, on l'a vu plus haut, ont leurs fournisseurs
ordinaires à Moscou et à Varsovie : ils savent par
expérience que ceux-ci peuvent à toute heure leur
expédier des marchandises sans qu'ils aient à s'occuper des transports à l'étranger, ou des droits de
la douane. Ils savent bien que des marchandises
achetées à Moscou reviennent souvent plus cher
que les marchandises françaises, mais qu'ils n'ont
pas à compter avec les avaries ou les retards dans
le transport. Ils savent que les résultats de tous
ces ennuis sont le plus souvent des procès inter-
minables avec les compagnies de chemin de fer ou
avec les fabricants : or ces derniers sont en France,
aussi semble-t-il préférable au marchand de se fournir
en Russie : on paie plus cher, mais tous les dérange-
ments sont évités. Des dépôts de marchandises
remédieraient à cet inconvénient.

Il faudra enfin respecter les coutumes et les habitudes sibériennes, c'est-à-dire adopter les poids ;

mesures et le système monétaire du pays; faire en un mot comme la grande maison Kunst et Albers, qu'il ne faudrait pas pourtant imiter en tout.

Il est évident que nos voyageurs pourraient s'occuper aussi et très avantageusement d'exportations sibériennes et des bénéfices qu'on peut tirer de l'élevage tel qu'il est aujourd'hui pratiqué en Sibérie. Le nombre de chevaux des nomades, des Bouriates par exemple, est colossal; le prix des bêtes est dérisoire, peaux, cuirs, poils, laines, viande, lait et beurre. Le produit de la pêche et de la chasse donnerait lieu aussi à des échanges importants.

Le développement de notre commerce aurait intérêt à être dirigé, car nos voyageurs en Sibérie ne sont pas conseillés : ils ne savent même pas à qui s'adresser. Il serait donc utile que le gouvernement français pût décider la Russie à accepter un consul français en Sibérie : à l'heure actuelle nous n'avons pas le droit d'en envoyer. Les agents commerciaux que nous avons eus, jusqu'à ce jour du moins, ont été des hommes peu instruits et peu capables de concevoir des idées générales. La Russie se refuse toujours à admettre en Asie des consuls étrangers, mais il y a aujourd'hui un précédent. Le Japon, comme les autres pays, n'avait droit à Vladivostok qu'à un agent consulaire, mais c'était là un leurre et on jouait sur les mots : l'agent qui depuis plusieurs années le représentait, était un homme jeune, très intelligent, parlant plusieurs langues, qui avait été secrétaire de légation à Saint-Pétersbourg. La Russie fermait les yeux, mais il était au moins bizarre de constater qu'elle donnait par son silence un avantage au Japon, son ennemi, qu'elle n'accordait pas à son allié. Espérons qu'après cette guerre qui sera longue, nous pourrons obtenir ce que nous désirons. Notre consul devra avoir des connaissances spéciales et connaître la langue russe et la Russie; nous en avons plus d'un dans ce cas. Un tel consul rendrait à son pays les plus grands services. Je sais que bien des gens hausseront les épaules en me disant : « Nos consuls ont mauvaise réputation, on sait aussi que les étrangers sont mieux représentés que nous ». C'est là pourtant presque une légende, et ce qui était vrai jadis ne l'est plus aujourd'hui. J'ai beaucoup voyagé et j'ai entendu dire bien souvent par des Français établis à l'étranger :

« Nous avons, par exception, un consul excellent! »

J'en ai conclu que, parmi nos consuls, il y a aujourd'hui beaucoup d'exceptions.

En parlant de Français qui vont en Sibérie, on pourra me faire observer que je n'ai nommé que les commis-voyageurs, et que j'ai omis de citer les ingénieurs; certes, ceux-là nous représentent admirablement, et partout dans le monde on trouve des anciens élèves de l'École centrale qui vont faire des prospections ou bien exploiter des mines. J'ai rencontré en effet beaucoup d'ingénieurs français, mais ils seraient d'accord avec moi pour mettre en garde le public français et lui conseiller, comme on dit, de ne pas « s'emballer » sur la question des mines. Les mines de Sibérie sont nombreuses et riches, mais souvent difficiles à exploiter et, dans les conditions actuelles, il faut attendre pour y travailler avec succès : les débouchés et les moyens de communication et de transport sont insuffisants. L'heure est au commerce en Sibérie et elle n'est pas encore à l'industrie. Il est vrai que tout Sibérien hypnotisé par la question des mines d'or en a toujours une à proposer au voyageur qui passe, sans avoir l'air de se douter qu'un charbonnage ou qu'une mine de fer est beaucoup plus utile et plus profitable que les placers qu'il croit avoir découverts.

J'ai souvent traité ces questions dans des conférences : aurai-je plus de succès aujourd'hui? En constatant notre défaite en Sibérie, malgré que je laisse entrevoir une victoire encore possible, je me suis fait plus d'une fois traiter de pessimiste, ce que je ne suis pas : la vérité est sans doute désagréable à entendre et il faut un certain courage pour la dire.

Quand je croyais avoir convaincu les gens par des chiffres, ils gardaient le silence un moment, puis me disaient :

« Eh bien oui, cela est possible, mais la France est toujours la France, c'est-à-dire le premier pays du monde ».

Ce n'est malheureusement pas vrai : les chiffres qui concernent le commerce de notre pays sont évidemment respectables, et ils semblent énormes lorsqu'on les lit à part, mais il est instructif et plus utile de donner les statistiques de tous les pays du monde pour la dernière période vingtennale, et nous ne pouvons plus nous féliciter de la comparaison. Les autres vont à pas de géants, et nous, nous ne bougeons pas. On a parlé du splendide isolement anglais, notre isolement à nous est beaucoup moins splendide : les Anglais regardent autour d'eux; nous, nous ne voulons rien voir, nous avons appris pourtant de nos jours qu'une fortune qui ne s'augmente pas est une fortune qui diminue, ce qui est vrai pour un particulier est vrai pour tout un pays : c'est pour cette raison que nous comptons moins dans le monde, que dans les ports d'Orient on ne voit plus nos bateaux, que notre exportation est inférieure à celle des grandes puissances, et qu'on parle beaucoup moins notre langue, que tant d'étrangers appellent aujourd'hui une langue de luxe, tandis que l'anglais ou l'allemand sont considérés comme langues pratiques et partout nécessaires.

*
* *

Nous voyons donc quels sont les avantages que nous devions tirer de l'alliance franco-russe et que nous pourrions en tirer encore. Les Russes possèdent à la fois notre sympathie et notre argent, nous avons bien le droit de leur demander quelque chose en échange.

Les événements actuels devraient aussi être pour nous une leçon, et ceux qui ne prisent qu'à moitié l'esprit militaire doivent reconnaître que la guerre semble malheureusement chose éternelle, à l'heure où l'homme qui sincèrement a organisé la conférence de la Haye est forcé de se défendre par les armes tout en aimant passionnément la paix. Tous ceux qui ont en Asie de grands empires coloniaux savent aujourd'hui que si l'on doit y faire de grandes dépenses, il faut aussi les fortifier pour les mieux garder : il suffit de quelques batailles pour ruiner pour de longues années les pays colonisés; il faut en un mot être forts pour que la paix du monde soit maintenue. Ce qui vient de se passer à Port-Arthur est bien fait pour nous instruire.

Nous devons aussi rester fidèles à l'alliance russe,

qui nous a rendus envers l'Europe et envers nous
une dignité que nous croyions avoir perdue. Nous
n'avons pas le droit de reprendre, aujourd'hui surtout, notre parole, ce serait nous dégrader et nous
amoindrir; ce serait en outre une maladresse, car la
Russie ne nous pardonnerait pas notre défection et
le Japon même victorieux ne nous en saurait aucun
gré.

Il faut donc avoir confiance dans l'alliance, et lui
demander demain les résultats pratiques qu'elle ne
nous a pas donnés, que nous ne lui avons pas
demandés, et qu'elle nous donnera parce que nous
y avons droit : il faut qu'après cette guerre elle
devienne plus féconde, et qu'elle soit resserrée pour
le maintien de la paix et pour le bien des deux
grandes nations. Mais la guerre sera longue et la
mort de bien des braves gens Russes et Japonais
rendront plus détestables encore les ambitions qui
l'ont suscitée : de nouvelles épreuves attendent la
Russie qui peut, avec le temps, espérer la victoire.

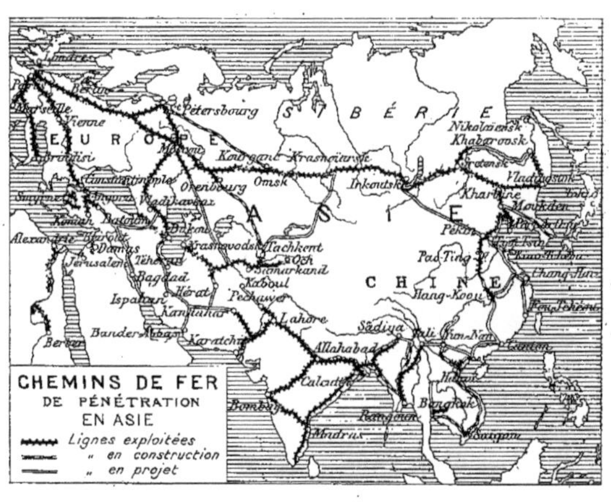

Londres
Paris
Berlin
Marseille
Vienne
St Pétersbourg
SIBÉRIE
Nikolaïensk
Khabarovsk
EUROPE
Brindisi
Moscou
Kourgane
Krasnoïarsk
Sretensk
Constantinople
Orenbourg
Omsk
Inkoutsk
Vladivostok
Smyrne
Angora
Vladikavkaz
ASIE
Kharbine
Moukden
Koniah
Batoum
Pékin
Port-Arthur
Alexandrie
Beyrouth
Krasnovodsk
Tachkent
Pao-Ting-W
Kiao-Tcheou
Damas
Och
Chang-Haï
Jérusalem
Téhéran
Samarkand
CHINE
Bagdad
Kaboul
Hang-Kéou
Fou-Tcheou
Ispahan
Hérat
Pechawer
Kandahar
Lahore
Sadiya
Tali
Yun-Nan
Bander-Abbas
Karatchi
Allahabad
Canton
Berber
Calcutta
Mitkan
Bangkok
Bombay
Rangoon
Madras
Saïgon

CHEMINS DE FER
DE PÉNÉTRATION
EN ASIE
Lignes exploitées
"   en construction
"   en projet

TABLE DES GRAVURES

TABLE DES MATIÈRES

CHAPITRE XI

LA GUERRE ACTUELLE

CHAPITRE XII

LA GUERRE ET LE COMMERCE FRANÇAIS

1513-04. — Coulommiers. Imp. PAUL BRODARD. — 12-04.